Roland Arndt
ERFOLGREICH in jeder B e z i e h u n g

Die Deutsche Bibliothek – CIP-Einheitsaufnahme

Arndt, Roland
Erfolgreich in jeder Beziehung
So steigern Sie Ihre Kontakt-Fitness in Beruf und Privatleben
Roland Arndt
Bad Oldesloe: Verlag Erfolg21.de
ISBN: 3-935379-30-7

1. Auflage 2000

Up den Pahl 50
23836 Bad Oldesloe
Tel. 0 45 31/89 18 55
Fax 0 45 31/8 63 37
www.Erfolg21.de
info@Erfolg21.de

Redaktion: Dunja Götz-Ehlert
Illustrationen: Werner Tiki Küstenmacher
Umschlag: Wolfgang Schlett, Hamburg
Satz: A & C Druck und Verlag GmbH, Hamburg
Druck: Westermann Druck Zwickau GmbH, Zwickau
Printed in Germany

ISBN 3-935379-30-7

Roland Arndt

ERFOLGREICH
in jeder
B e z i e h u n g

So steigern Sie Ihre

Kontakt-Fitness

für Beruf und Privatleben

„Gleich und gleich
gesellt sich gern“

und

„Gegensätze
ziehen sich an“

Dazwischen pendeln wir.
Das ist unser Los ...,
... aber nicht die Niete,
sondern der Gewinn
unseres Lebens.

Inhaltsverzeichnis

Vorwort

„Erfolgreich in jeder Beziehung."

Möchten Sie privat und beruflich noch erfolgreicher werden? Dann entwickeln Sie doch mit folgendem Slogan Ihr neues Beziehungs-Bewusstsein:

Es muss einfach gehen, sonst geht's einfach nicht.

Dieses Buch hilft Ihnen, einfach und zielbewusst wertvolle menschliche Verbindungen aufzubauen. Jeder Mensch hat sein eigenes Beziehungs-Netz, sein individuelles Kontakt-Universum. Im Laufe der Jahre „verlieren" wir einige dieser Partner, Freunde, Kollegen und Bekannten aus den Augen. Andere wiederum lernen wir neu kennen und schätzen. Die Lebendigkeit dieser sich ständig veränderten Beziehungs-Welt ist wohl das spannendste Element unseres Lebens. Und Sie können es zum Vorteil für alle Beteiligten steuern. Menschen brauchen Menschen. Erfolge werden von Menschen erdacht, gestaltet und gefeiert.

Mit diesem Buch erhalten Sie viele Ideen sowie jede Menge Motivations-Impulse für den gemeinsamen Erfolg mit Menschen im Business und im Privatleben. Arbeitsblätter und Checklisten unterstützen Sie beim aktiven Vorgehen. So erreichen Sie Ihre Ziele sicher und schnell. Zusätzlich finden Sie im Mittelteil die Sichtweisen, Erfahrungen und Tipps von namhaften, erfolgreichen Persönlichkeiten. Ein bunter Blumenstrauß von Erfolgs-Impulsen für die Gestaltung Ihres eigenen Beziehungs-Erfolges.

Ich wünsche Ihnen aktivierende Freude beim Lesen und viele neue Energien für das Erreichen Ihrer Lebens- und Beziehungs-Ziele. Lassen Sie sich inspirieren, auch den Draht zu Ihrer eigenen Persönlichkeit immer weiter zu vertiefen. Erst dann erreichen wir den ganzen Erfolg und sind erfolgreich in jeder Beziehung.

Ihr Roland Arndt — Bad Oldesloe, Oktober 2000

ROLAND ARNDT Unternehmens-Kultur
Postfach 15 50 · D-23835 Bad Oldesloe
Tel. 0 45 31 - 6 71 75 · Fax. 0 45 31 - 6 72 79
eMail: roland-arndt@t-online.de · Internet: www.roland-arndt.de

Beziehungen bestimmen unser Leben

Meinen Glückwunsch zu Ihrer Entscheidung, noch mehr über das Thema Beziehungsaufbau zu erfahren und für Ihre eigene Kontaktwelt, für Ihr individuelles Beziehungs-Universum zu nutzen.

Als Einzelpersonen können wir noch so gute Absichten verfolgen und täglich unser Bestes geben – wenn wir nicht immer wieder auch andere Menschen für uns und eine Sache gewinnen, werden wir nur sehr schwer, wenn überhaupt, unsere Lebensziele erreichen.

Fitness bezieht sich heute nicht nur auf den Aspekt der körperlichen Gesundheit, sondern findet immer mehr Bedeutung beim Aufbau von menschlichen Verbindungen. „Fit for business“ bedeutet also „Fit for relationship“, egal ob es um die inneren Kontakte in einem Unternehmen geht oder die externen Beziehungen zu Kunden, Lieferanten und Kooperationspartnern im Mittelpunkt stehen.

Wir spüren zunehmend auch in der Wirtschaft, dass die Energien, die wir für Spitzenleistungen zur Verfügung haben, von unseren privaten Beziehungen, und dabei in besonderem Maße vom (Lebens)-Partner abhängen. Oft lesen wir diesen Zusammenhang auch in Interviews:

Meinen Erfolg verdanke ich zur Hälfte meinem Ehepartner,
der mich unterstützt und immer an mich geglaubt hat.

Das bezieht sich nach Aussage vieler meiner insgesamt über 50.000 Seminarteilnehmer ebenfalls auf Liebesbeziehungen, die nicht das Siegel von Standesamt und Kirche eingeholt haben.

Die Intensität der inneren gefühlsmäßigen Befindlichkeit und des „Sich-verstanden-Fühlens“wirken sich also auf das Energie-Potential maßgeblich aus. Wer eine schwierige Partnerschaft mit Misstrauen, Kampf und Leid führt, verliert wertvolle Kräfte für die Bewältigung seiner beruflichen und gesellschaftlichen Aufgaben. Wir steigern unsere Erfolgsfähigkeit also sogar durch den verständnisvollen Umgang mit den Menschen, die uns wichtig sind.

Wenn wir unsere Verbindung mit Offenheit, Vertrauen und gegenseitigem Respekt aktiv und gemeinsam mit unserem Partner gestalten, nehmen wir diese positiven Energien in alle Geschäftsbereiche der Firma mit hinein in jedes Meeting und zu Kunden und Kooperationspartnern.

Die dort erlebten Erfolge beflügeln dann wieder die privaten Beziehungen, vornehmlich die Partnerschaft. Und so schwingt der ganzheitliche Lebenserfolg im Privatleben sowie im Beruf positiv kraftvoll hin und her, immer größeren Herausforderungen und Zielen entgegen.

Nutzen Sie dieses Buch als Ihr Erfolgs-Instrument, als Ihren Arbeits- und Entwicklungs-Werkzeugkasten. Sprechen Sie mit anderen Menschen über dieses wichtige Thema der Weiterentwicklung menschlicher Beziehungen als Erfolgsfaktor. Sehen Sie dieses Buch als ein großes Buffet, nehmen Sie sich davon, was Ihnen „schmeckt", und genießen Sie die „Beilagen" in Form von Motivation, Beziehungs-Management und Zeit-Gewinn.

Spüren Sie jeden Tag Ihre persönlichen neuen Chancen auf. Gehen Sie den einen oder anderen Schritt in ein noch erfolgreicheres Leben, indem Sie sich mit Menschen vernetzen und sich dafür einsetzen, dass die Bündelung positiver Energien und Gemeinsamkeiten allen dabei weiterhelfen, dem Leben das Beste zu geben und dafür vom Leben das Beste zu bekommen.

Was bedeutet Erfolg?

Erfolg setzt sich für jeden Menschen auf dieser Erde aus anderen Einzelteilen zusammen. In ihrer Gesamtheit ergeben diese Puzzle-Teile ein einzigartiges Erlebnis: **unser Lebens-Gefühl**.

Wenn unser Leben Mühe und Qual bedeutet, also ohne den Pol des Genießens und des sich Hineinfühlens in angenehme Situationen erlebt wird, dann ist es an der Zeit, Probleme unter anderen Gesichtspunkten zu betrachten.

Probleme stehen uns als „Chancen in Arbeitskleidung", als Herausforderung für unser Schaffen zur Verfügung. Wer Angst vor Problemen hat, der hat auch unbewusst Angst vor Erfolg: Denn Erfolge sind gelöste Probleme.

Ohne die Bewältigung schwieriger Situationen und beruflicher wie privater Problemsituationen ist ein Wachsen unserer Persönlichkeit überhaupt nicht möglich. Flucht in Misserfolge sowie perfekt gespielte Opferrollen enden nicht selten mit Selbstaufgabe und Abhängigkeit von den Entscheidungen und dem Wohlwollen anderer Menschen. Die ganzheitliche Erfolgsstrategie und Lebensphilosophie dieses Buches räumt in aller Deutlichkeit mit dieser Art von „Selbstbetrug" auf.

Ziele gilt es, transparent zu gestalten, für alle Beteiligten zum Ansporn, zum Motiv für noch mehr Erfolg, mit Leben zu erfüllen. Jeder Mensch hat ein Recht auf seine eigenen Ziele. Für die Erreichung Ihrer Lebens-Ziele versteht sich dieses Praxisbuch als Impulsgeber und Kraftspender zugleich.

Arbeiten Sie bitte mit sich selbst noch effektiver zusammen. Bilden Sie mit sich selbst ein „dynamisches Duo". Nur so sind Sie vor Entmutigung und einer zu schnellen Resignation sicher. Denn ohne die Fähigkeiten, Ausdauer und Durchhaltevermögen umgibt Sie ständig die Gefahr, „das gewonnene Neuland" durch die kleinste Welle der Entschlusslosigkeit wieder an das „Meer der Verzettelung" zu verlieren.

„Lassen" Sie sich inspirieren, in aller Offenheit die Erfolge Ihrer Zukunft – HEUTE – neu zu überdenken, konkret zu definieren und mit einer nie gekannten Erfolgsquote zu realisieren.

Profitieren Sie, ganz gleich, ob Sie Mitarbeiter, Führungskraft oder Unternehmer sind, nicht nur von etwas, das gut klingt, sondern weil es viele Leute gibt, die es vorleben und darüber hinaus ihr Wissen und ihre Erfahrung anderen Menschen zur Verfügung stellen. **Übernehmen Sie selbst die Verantwortung für ihre Gegenwart und Ihre Zukunft.**

Viele Menschen begannen mit einer Hand voll Wünsche, Ideen und Zuversicht und sagten sich: Ein selbständiger Unternehmer ist jemand, der „selbst ... ständig ... etwas ... unternimmt ..."

Mit dieser Einstellung und Zielstrebigkeit bauen Menschen gemeinsam mit anderen Menschen ihre großen Erfolge. Sie investieren täglich ihre Energie in bestimmte Projekte, inspirieren dabei andere, nehmen Ideen ihrer Mitmenschen dankend an, und bündeln per Zusammenarbeit alle Kraftreserven, die denkbar, erzeugbar und nutzbar sind.

Um den anstehenden Herausforderungen der nächsten Jahre gewachsen zu sein, benötigen wir alle noch mehr Motivation aus uns selbst heraus, um Partnerschaft mit uns selbst und anderen lebendiger und leichter zu praktizieren. Sinngebung und Antriebskräfte ergänzen sich so zu einem von Lebensfreude beflügelten Zielansporn. Diese Zielkraft hilft uns, Spitzenleistungen zu vollbringen und eigene Erfolge sowie die anderer zu erleben und zu genießen, so dass unser Leben noch lebenswerter wird. Treffen Sie die richtigen Entscheidungen für die Erfüllung Ihrer selbst gesteckten Lebensziele.

Erfolg klingt recht „abgedroschen"und kontrovers besetzt. Viele Menschen sind der Ansicht, dass sich Erfolg auf dem Kontoauszug ablesen lässt. Andere wiederum sind nicht davon abzubringen, dass Erfolg ausschließlich von der beruflichen Stellung abhängt. Aber es gibt noch diverse weitere Meinungen, z.B. Erfolg sei, wenn wir nie wieder im Leben arbeiten müssten oder durch unsere rein äußerliche Anziehungskraft jeden Tag einen neuen Partner oder eine neue Partnerin für uns gewinnen könnten.

Wenn wir ERFOLG definieren möchten, sind wir auf unsere eigenen Wünsche angewiesen. Im Wörterbuch steht unter Erfolg: „Positives Ergebnis, Wirkung, Folge". Erfolg bedeutet „Individuelle Ziele – aus subjektiver Sichtweise – zu erreichen" und zwar zur persönlichen Zufriedenstellung. Ein kompliziertes Wortgebilde, hinter dem die Antriebsfeder unserer eigenen Vorstellung von unserem Leben schwingt.

Die heutige Zeit macht es dem Individuum nicht besonders leicht, über sich und seine Zukunft nachzudenken und diese auch noch in Bezug auf seine Wünsche für realisierbar zu halten. Es wird vielleicht auch nicht unbedingt gewünscht, dass wir alle exakt das bekommen, was wir uns so sehnlichst erträumen. Einige Leute hätten gern, dass wir ausschließlich ihren Zielen dienen. Und wer dies geschickt einfädelt, der hat oft sogar Erfolg damit. Langfristig scheint diese Rechnung allerdings nicht aufzugehen.

Unternehmens-Ziele sowie die Ziele der einzelnen Menschen im Unternehmen müssen sich magnetisch anziehen, sich gegenseitig bedingen und sowohl dem Mitarbeiter als auch dem Unternehmen als Kraftpotential dienen.

Sonst gilt vereinzelt der folgende Hilfeschrei:

Viele Mitarbeiter betrachten Ihr Gehalt
nicht mehr als Entgelt für geleistete Arbeit,
sondern eher als Schmerzensgeld
für erduldetes Leid.

Erfolg hat sehr viel mit Gefühl zu tun – mit dem „richtigen Riecher“ für das, was wir „Berufung“ nennen. Der Erfolg des einzelnen steht immer im direkten Zusammenhang mit anderen. Nicht unbedingt bei der Zieldefinition im ersten Stadium, aber spätestens beim Handeln, wenn es um die Taten geht, an denen wir uns selbst messen. Und bei denen andere uns und wir andere gern bewerten.

In vielen Management-Seminaren und auf dem Schreibtisch der einen oder anderen Führungskraft ist zu lesen:

Erfolgsorientierte Menschen können nur zwei Fehler oder Sünden begehen:

1. zu wünschen ohne zu handeln,
2. zu handeln ohne Ziel.

Aber wer hat uns denn in unserer Kindheit erzählt, wie wir erfolgreich werden können, welche Voraussetzungen geschaffen werden müssen, um nach dem Verursacher-Prinzip Probleme für ein interessantes und sinnvolles Leben zu lösen?

Wir haben alles Mögliche in der Schule gelernt,
nur nicht, mit uns und anderen Menschen so umzugehen,
dass beide Seiten ihre Ziele erreichen.

Und so verwundert es nicht, dass viele ihre Zielkraft bei weitem nicht ausschöpfen. Niemand hat uns gefragt, wie wir unser Leben in der Zukunft erleben möchten. Und wenn wir doch einmal gebeten wurden, unsere „Spinnereien“ preiszugeben, dann hieß es vielleicht:

„So wie Du Dir das vorstellst, so geht das mit Sicherheit nicht.“

Und schon war wieder alles vorbei! Aus der Traum!

Das Grundrecht jedes Menschen ist Erfolg!

Ob davor aber ein Minuszeichen oder ein strahlendes Pluszeichen steht, dafür sind wir alle selbst verantwortlich. Eines der schlimmsten Verbrechen ist es jedenfalls, einem Menschen seine Träume zu nehmen.

Möchten Sie ein erfolgreiches Unternehmen aufbauen oder auf's Land ziehen, um alternative Lebens-Formen zu praktizieren? Wollen Sie als Pop-Star von einem Millionenpublikum angehimmelt werden? Wünschen Sie sich eine Familie? Bedeutet es Ihnen viel, die Karriereleiter bis ganz nach oben hinauf zu klettern? Jeder darf sich seinen Erfolg bildhaft vorstellen und sich mit aller Kreativität und Tatkraft bemühen, Ziele, Wege und Schritte dorthin zu finden und zu gehen.

Erfolg heißt in großem Maße,
anderen zum Erfolg zu verhelfen.

Sucht man sich die brennendsten Probleme einer bestimmten Zielgruppe im Markt und löst diese besser als andere es tun, so entsteht eine enorme Anziehungskraft mit der Chance, Marktführer zu werden.

Der Vorteil des einen
ist das Geschäft des anderen
und umgekehrt.

Dieses System nenne ich gegenseitige Gewinn-Aktion. Hier wird niemand ausgenutzt, hier nutzen sich zwei oder mehr Partner zum Vorteil aller. Dieses Prinzip lässt sich in jeder geschäftlichen und privaten Partnerschaft zum „allseitigen Plus“einsetzen. Beide müssen es allerdings aufrichtig, strategisch und partnerschaftlich umsetzen.

Wenn wir heute vom ganzheitlichen Lebenserfolg sprechen, dann gehört der Privatbereich und die Lebenszeit in der Familie als elementarer Baustein dazu. Jede Führungskraft muss sich darüber im klaren sein, dass ein Mitarbeiter nur dann auf dem optimalen Erfolgskurs „Power“geben kann, wenn die Gefühle seiner Innenwelt diesen Weg frei geben.

In diesem Buch werden Ihnen immer wieder drei Ebenen begegnen:

Betrachtungen, Gespräche und Checklisten.

Lassen Sie uns die Zusammenhänge der unterschiedlichsten Beziehungen unseres Lebens und Wirkens neu durchdenken.

Dieses Buch bedeutet Arbeit für Sie, wenn Sie noch erfolgreicher mit sich selbst und anderen „umgehen"möchten, statt die Menschen zu „umgehen". Im Mittelpunkt steht die Arbeit an sich selbst und die Verwirklichung Ihrer eigenen Ziele.

Ich habe dieses Buch für Sie geschrieben, damit Sie ab sofort mit weniger Aufwand für sich persönlich mehr erreichen.

Denken, planen und handeln Sie für Ihren Erfolg unter ganzheitlichen Aspekten. Was verstehen Sie unter „ganzheitlich"?

....

....

....

Wir hören in den verschiedensten Bereichen immer häufiger den Begriff der Ganzheitlichkeit, beispielsweise in der „ganzheitlichen Medizin". Da ist es ähnlich schwer, den Anspruch einzulösen, den Patienten unter Berücksichtigung seiner gesamten Lebenssituation wahrzunehmen. Es scheint in diesem Zusammenhang wichtig zu sein, wie der einzelne Mensch seine Vorstellung von Ganzheitlichkeit in sein eigenes Leben integriert.

Es gibt nur den „einen ganzen Menschen" den sogenannten „24-Stunden-Menschen", der immer und überall mit seiner kompletten Gefühlswelt in Erscheinung tritt. Niemand kann seine privaten Sorgen im Büro mit dem Mantel an die Garderobe hängen, um sich von seinen problematischen Gedanken zu befreien. Ebenfalls wird ein Lebenspartner am Abend spüren, ob sein Partner den Arbeitstag heute als Freude oder Schmerz erlebt hat.

Alles, was wir tun, tun wir entweder,
um Schmerz zu vermeiden oder um Freude zu erleben.

Ganzheitlichkeit kann auch zu einem Teil darin bestehen, sich von bestimmten Lebens-Elementen zu verabschieden, die nicht ins eigene Leben passen. Das können finanzielle Verpflichtungen sein, aber auch negative Gewohnheiten. Auch bestimmte Menschen gehören vielleicht nicht unbedingt in unser Leben. Es ist auch ein Naturgesetz, dass nicht jeder Mensch zu jedem anderen Menschen passt.

Es wird immer Leute geben, die wir als besonders positiv erleben, die uns wirklich etwas bedeuten. Aber es gibt ebenfalls eine zunehmende Anzahl von Zeitgenossen, die sich zum „Energie-Staubsauger“entwickelt haben und uns gehörig auf die Nerven fallen. Und zwar immer und immer wieder. Wir hören immer artig dem anderen zu, geben so manchen Tipp. Aber der andere weiß immer sehr schnell, warum unser Rat für ihn in seiner ausweglos erscheinenden Situation nicht funktionieren kann. Und so weiter und so fort ...

Jeder einzelne darf für sich den Weg auswählen und beschreiten, sein Niveau der Ganzheitlichkeit erarbeiten und für sein Glück verwenden. Der Begriff der Ganzheitlichkeit muss mit sehr viel Sorgfalt im Denken und Planen individuell analysiert werden. Wir können alle viel mehr Mut für die Umgestaltung unseres Lebens aufbringen. Starten Sie ab heute ganz neu durch. Sagen Sie zu sich:

Mein Einsatz ist wichtig!

Dass die Welt im Aufbruch ist und dringend Menschen mit gutem Willen und Selbst-Vertrauen braucht, die nicht nur Reden schwingen, sondern auch handeln, ist wohl inzwischen jedem klar geworden.

Der Aspekt „Angst beim Verkaufen“darf nicht länger die großen Erfolge verhindern. Der „Horror“vor dem NEIN muss endlich aufgelöst werden. Und zwar durch das tägliche Einsetzen von Aktivierungs-Szenarien. Nach dem Motto:

Wo die Angst ist, da ist der Weg!

Psychologen haben errechnet, dass wir im Laufe unserer ersten drei Lebensjahre über 30.000 mal „NEIN“gehört haben. Mehr oder weniger eindeutig in Form von Verboten. Nun waren einige dieser NEINs sicherlich lebensrettend für uns. Aber wiederum andere auch überhaupt nicht nachvollziehbar, vielleicht sogar ungerecht und kleinlich. Diese mit den Jahren entstandene „Ur-Angst“vor dem NEIN wuchs in unserem Bewusstsein immer weiter an und wurde zum Angst-Programm. Wir werden diesen „Angst-Code“durch dieses Buch auf einfache Weise strategisch zum Erfolgs-Code umprogrammieren.

Checkliste der Begegnungen

1. Vor welchen Begegnungen mit welchen Menschen fühle ich mich unsicher?

   Person:

   ....

   Situation:

   ....

   Person:

   ....

   Situation:

   ....

   Person:

   ....

   Situation:

   ....

Der einzige Weg, dauerhaft die Angst vor Menschen und Gegebenheiten zu verlieren und dabei persönlich zu wachsen, besteht darin, sich jeder auftauchenden Situation zu stellen. Es gibt also ab sofort kein Ausweichen mehr! Jeder noch so schwierig vermutete Kontakt wird spontan für einen „Erfolg oder Lernprozess"genutzt.

Analog zum Satz: Es gibt kein schlechtes Wetter, nur unpassende Kleidung, können wir sagen:

„Wir können die Menschen nicht verändern.
Wir können aber verändert mit ihnen umgehen!"

Wer schreibt, der bleibt auf seinem Erfolgsweg! Lesen Sie dieses Buch deshalb bitte mit einem Farbstift. Markieren Sie Ihre Meinung, Ihre Gedanken und Entscheidungen. Schreiben Sie in dieses Arbeitsbuch hinein, benutzen Sie es als das, was es für Sie sein will: ein Werk der Tat, ein Mittel zum Zweck, eine Art Aktivitäten-Spirale für die Gestaltung Ihrer zukünftigen Erfolge.

Besonders wichtig erscheint mir dieser Aspekt, dass Erfolg auch im Weglassen einiger Dinge besteht. Ein Kunstliebhaber besuchte einen Bildhauermeister und stellte ihm folgende Frage:

Sagen Sie, Meister, wie konnten Sie nur diesen wundervollen Löwen aus Stein meißeln?

Der Meister antwortete:

Das war gar nicht so schwierig, wie Sie vielleicht denken.
Ich habe einfach alles weggeschlagen,
was nicht nach Löwe aussah.

Trennen Sie sich von allem Überflüssigen, was nicht zur Vorstellung Ihres Erfolgs gehört. Halten Sie dies auf der folgenden Checkliste fest. Nehmen Sie sich die Zeit, in Ruhe und ungestört darüber nachzudenken, was Sie in Ihrem Leben eher behindert, was Sie vielleicht sogar vom großen Erfolg Ihrer Existenz abhält.

Die Arbeit mit den Checklisten führt Sie stetig zum Kern Ihrer Persönlichkeit, ins Zentrum Ihrer Wünsche und zum Schatz Ihrer Intuition. Aber nur, wenn Sie auch wirklich zur Arbeit an sich selbst und mit sich selbst bereit sind. Die Freiheit, mit einem Buch zu arbeiten, kann in vielen Fällen auch zum Verträumen der Zeit führen, zum Weiterblättern und Überfliegen der für Ihren großen Durchbruch gestalteten Seiten. Studieren Sie sich selbst. Entdecken Sie Ihre nie für möglich gehaltenen Ideen, Kräfte, Begabungen und Ihre Selbst-Disziplin.

Nehmen Sie diese Chancen ernst und erschaffen Sie Ihre Zukunft. Auch wenn Ihnen nicht immer von Anfang an klar ist, wofür diese oder jene Übung sinnvoll ist. Im Nachhinein steht Ihr Erfolg auf dem Plan, und das ist schließlich das wichtigste für Sie, stimmt's? Also, es geht los, mit einem Erfolgs-System, für Sie entwickelt, als Gedankenschiene für den Schliff Ihrer Willenskraft und Ihrer Konzentrationsfähigkeit.

Bereichern Sie Ihre Mitmenschen,
statt sie zu besiegen.

Werden Sie der
wertvollste Gesprächspartner
Ihrer Gesprächspartner.

Zeigen Sie Ihre
menschlichen Qualitäten,
und werden Sie dadurch erfolgreich.

Stärken Sie Ihre Stärken,
und schwächen Sie Ihre Schwächen.
Der Geist, der auf eine Idee stößt,
wird auch auf Mittel stoßen,
diese Idee in die Tat umzusetzen.

Checkliste: Was möchte ich aus meinem Leben „entlassen"?

1. Mit welchen Menschen habe ich zur Zeit „Probleme"?

....

....

2. Mit welchen dieser Menschen möchte ich mich aussprechen, um die Beziehung neu zu gestalten?

....

....

3. Welche Dinge, die ich besitze, sind rein überflüssig?

....

....

4. Wem könnte ich diese Dinge schenken oder verkaufen?

....

....

5. Welche meiner Eigenschaften oder schlechten Gewohnheiten möchte ich gern ablegen?

....

....

6. Womit vergeude ich immer wieder Zeit und Geld?

....

....

Ein paar Gedanken über Ihr bisheriges Leben und Ihre bisherigen vielfältigsten Beziehungen

Kreuzen Sie bitte an:

		Ja	Nein
1.	Ich hatte eine glückliche Kindheit.	( )	( )
2.	Schon als Kind wusste ich immer genau, was ich wollte.	( )	( )
3.	Als Kind stellte ich mir oft lebhaft meine Erfolge in der Zukunft vor.	( )	( )
4.	Mein Leben ist so verlaufen, wie ich es mir immer gewünscht habe.	( )	( )
5.	In meiner Kindheit fühlte ich mich oft anderen Menschen überlegen	( )	( )
6.	Ich hatte früher viele Freunde.	( )	( )
7.	Ich habe heute viele Freunde.	( )	( )

Unsere Vergangenheit lebt auch heute noch in uns, wie die Verträge in einem Unternehmen, die vielleicht schon vor vielen Jahren geschlossen wurden, heute noch Gültigkeit besitzen. Unsere Erfahrungen und Erlebnisse geistern in unseren Denkvorgängen herum und spielen sich teilweise auf, als hätten sie zu bestimmen, was wir selbst von uns zu halten haben. Und das, obwohl wir uns an die Geschehnisse in der Vergangenheit manchmal auch beim besten Willen nicht mehr bis ins Detail erinnern können.

Wir haben zugelassen, dass unser Leben nach einem Programm abläuft. Solange wir uns brav an dieses Programm halten, stehen wir unserem großen Durchbruch selbst im Weg. Es sei denn, unser Programm aus Kindheit und Jugend trägt uns zum Erfolg empor, weil die Mutter, der Vater oder sonst jemand aus unserem direkten Umfeld uns ermutigt hat, unser Leben mit allen Konsequenzen selbst in die Hand zu nehmen.

Statt die Marionette anderer zu sein, ziehen wir doch lieber selbst die Fäden für unseren Erfolg und werden unser eigener „Top-Manager“. Nehmen Sie Ihre Vergangenheit genau so an, wie sie war. Mag Ihre Vergangenheit noch so schwer gewesen sein, sie kommt in der erlebten Form nicht wieder. Lernen Sie aus vergangenen Zeiten und setzen Sie das Gelernte im Verlauf Ihres weiteren Lebens wirksam ein.

Vergessen Sie schnellstens auch die Schuldzuweisungen an die „Hauptdarsteller“ und „Regisseure“ Ihrer vergangenen Lebens-Abschnitte. Inszenieren Sie Ihre eigenen Lebens-Erfolge. Denn die sogenannten „Schuldigen“ und „Erfolgsverhinderer“aus der Vergangenheit können unsere Vorwürfe meistens nicht mehr nachvollziehen und sind nicht in der Lage, ihre Fehler einzusehen und zu korrigieren.

Der Blick aus Ihrem HEUTE, mit einem wohlwollenden kleinen Abstecher in Ihre Vergangeheit, bietet Ihnen Möglichkeiten, erfolgreich mit sich und anderen für ein sinnvolles Miteinander umzugehen.

Seien Sie großzügig. Zeigen Sie, dass Sie dazugelernt haben und es nicht nötig haben, zweifelhaften Erfolg dadurch zu erhaschen, andere für ihr Fehlverhalten in der Vergangenheit erst im HEUTE zu „bestrafen“.

Eine aktive Erfolgsstrategie ist die persönliche Situationsanalyse mit dem Blick in die Vergangenheit. Denn in Kindheit und Jugend sollten Begabungen erkannt, gefördert und weiterentwickelt werden, damit wir sie ein Leben lang verfeinern und für unser Schaffen und Wirken einsetzen können.

Ich will meine Stärken erkennen und einsetzen.
Ich bejahe meine Fähigkeiten.
Ich setze täglich ein, was ich besonders gut kann.

Unser Lebenslauf, unsere Erbanlagen, die Umgebung, in der wir aufgewachsen sind, unsere Kontakte usw., alles prägt unser Denken und Verhalten. Besonders in der Schulzeit erleben wir täglich wiederholt Autorität von Eltern und Lehrern und müssen uns dann auch noch bei den Mitschülern durchsetzen.

Gute schulische Leistungen sind in keiner Weise für den Lebenserfolg zwingend erforderlich. Sie können einen guten Start bieten, sagen aber überhaupt nichts über die menschlichen Qualitäten des einzelnen aus.

Die Vernetzung der Umweltfaktoren verwirrt einen Schüler immer dann, wenn er nicht damit fertig wird, dass Lob und Tadel unvorherbar auf ihn einprasseln können. Die Vorgaben der Erwachsenen sind nur sehr selten deckungsgleich mit den eigenen Wünschen und Träumen. Und so manche tatsächliche Notwendigkeit des Lernens wird im Alter von 5 bis 20 Jahren „natürlich" fast nie erkannt.

Die Ungerechtigkeit mancher Elternaussagen: „Aus Dir wird nie etwas, so wie Du Deine Arbeiten erledigst ..." ist ein subjektives Hochrechnen, aufgebaut auf dem eigenen Erfahrungsschatz mit selbstgebastelten Denkmustern. Was für den einen Gültigkeit besitzt, kann für den anderen das „AUS" bedeuten.
Hinzu kommt die Gefahr, dass das Unterbewusstsein vieler Kinder diese Elternaussagen auch noch glaubt und per Lebenserfolg gehorsam umsetzt. Und so stimmt es wieder, wenn wir sagen:

Erfolg ist das, was er-folgt, wenn man sich oder anderen folgt ...

Von Kindheit an hat man uns beigebracht, dass wir nicht immer nur an uns denken sollen. Eigen-Liebe, Eigen-Sinn, Eigen-Willigkeit usw. sind uns als negativ eingetrichtert worden. Auch die Kombination mit der Silbe „Selbst“ kam unseren Erziehern und Respektpersonen auf uns bezogen nicht „geheuer“ vor. „Eigen-Lob“soll ja bekanntermaßen sogar stinken.

Ich bin der Meinung: Ohne Selbstliebe und Selbstachtung kann niemand Vorbild sein. Wie soll jemand uns schätzen und uns Vertrauen schenken, wenn wir uns selbst nicht ausstehen können?

Wie können Kunden zur der Überzeugung gelangen, dass wir der richtige Partner sind, wenn wir das Gegenteil ausstrahlen und ihnen (unbewusst) „nonverbal“von einer Kooperation mit uns abraten.

Wir müssen erst uns selbst „heilen“, bevor wir anderen etwas über die „richtige Medizin“ erzählen können. Für uns gilt es immer und immer wieder, den Kontakt zu unserem Inneren zu intensivieren und ihn dauerhaft „anzuzapfen“. Unser Leben muss im Inneren unserer Persönlichkeit mit aller zur Verfügung stehenden Kreativität vorbereitet und dann in der Außenwelt gestaltet werden.

Und dies funktioniert in wunderbarer Weise mit allen möglichen Kooperationspartnern zusammen. Ganzheitlich, zum Nutzen für uns, über den Umweg zum Nutzen für andere Menschen.

Im Total-Quality-Management werden viele Menschengruppen als „Kunden“bezeichnet, weil es immer um das Verhältnis des Gebens und Nehmens geht. Auch in Kliniken spricht man immer häufiger vom Kunden im Patienten. Denn wenn der Kinikaufenthalt dem „Kunden“-Patienten gut „gefallen“hat, sprich: seine Ziele in Richtung Gesundheit erfüllt sind , dann macht er „Werbung“für das Krankenhaus, indem er seiner Familie, seinen Freunden, Bekannten und Kollegen positiv davon berichtet. Im negativen Fall startet der Patient, der nun zum „Kunden“geworden ist, ebenfalls mit Mund-zu-Mund-Propaganda. Nun aber unter anderen Gesichtspunkten, eher in Form von Negativ-Botschaften.

Um immer neue Sichtweisen, praktische Erfahrungen und Erfolgswege anderer Menschen kennenzulernen, führe ich viele Gespräche. In diesem Buch werden Ihnen viele Menschen begegnen, die wirklich etwas zu sagen haben, Menschen, die ich persönlich sehr schätze.

Auf dieser Seite finden Sie die Fragen der Interviews, die ich für Sie mit interessanten Leuten geführt habe. Einige habe ich besucht. Mit anderen entstand der Gedankenaustausch telefonisch, per Fax oder E-Mail. Beantworten Sie sich selbst gern ebenfalls die folgenden Fragen. Sie werden einiges über sich erfahren, denn Fragen führen zu Anworten, Antworten führen zum Handeln und Handeln führt zum Erfolg.

1. Welche Rolle spielt für mich meine Beziehung zu mir?

   ....

   ....

   ....

   ....

   ....

2. Welche Bedeutung hat meine private Partnerschaft für meine berufliche Entwicklung?

   ....

   ....

   ....

   ....

   ....

3. Wie baue ich eine gute Beziehung zu meinen Mitarbeitern und Kollegen auf?

   ....

   ....

   ....

....

....

4. Was tun meine Mitarbeiter und ich für erfolgreiche Kunden-Beziehungen?

....

....

....

....

....

5. Wo sehe ich die Herausforderungen im Bereich Beziehungs-Management für die Zukunft?

....

....

....

....

....

6. Wie werde ich diese Herausforderungen /Chancen für mich persönlich und den Unternehmens-Erfolg nutzen?

....

....

....

....

7. Mein Lieblings-Zitat zum Thema „Beziehungs-Management":

....

....

Der Erfolgs-Code für Ihr Leben lautet:

V B^5 S Z

„V“ steht für Vitalität.

Ohne Vitalität erleben wir unseren Tag in einer anderen Zeitqualität. Viele Aufgaben fallen uns schwerer. Wir wirken in bestimmten Situationen negativ auf andere Menschen. Unsere nonverbale Kommunikation (die Wirkung auf andere beträgt 55%) „spricht Bände“, gibt dem anderen Informationen über unsere innere Befindlichkeit, ohne auch nur ein einziges Wort aus unserem Mund zu hören.

Als vitaler Mensch erzeugen wir mit unserer Körpersprache ebenfalls 55% der persönlichen Wirkung bei unseren Gesprächspartnern. Diesmal allerdings mit positiven charismatischen Vorzeichen.

Was wir denken und wie wir uns fühlen, das strahlen wir aus.
Was wir ausstrahlen, das ziehen wir an.

Nehmen Sie sich ein paar Minuten Zeit und tragen Sie zu den nachfolgenden Fragen Ihre Gedanken spontan ein. Gewöhnen Sie sich gern an, das Prinzip der Schriftlichkeit als Erfolgsfaktor zu nutzen. Viele Menschen in meinen Seminaren berichten, dass sie bestimmte Ideen nicht aufgeschrieben hatten, weil diese so „genial“ erschienen, dass man sie gar nicht vergessen könnte. Am nächsten Tag waren die Gedanken-Impulse von der geistigen Leinwand verschwunden.

Das kann Ihnen nie wieder passieren, wenn Sie sich gleich Ihre Notizen machen. Unterwegs im Auto können Sie, aus Gründen der Sicherheit, mit einem Diktiergerät arbeiten. Zu Hause oder im Büro übertragen Sie die Einzelheiten dann in Ihre Planungs-Unterlagen. Viel Freude beim „Aufspüren“ einiger eigener Tipps:

Welche gesundheitlichen Ziele möchte ich erreichen?

....

....

....

Wie möchte ich den Bereich Ernährung neu gestalten?

....

....

Was kann ich ab heute für den Bereich Bewegung tun?

....

....

Was kann ich für vermehrte Sauerstoffaufnahme tun?

....

....

Wann und wie werde ich mich heute entspannen?

....

....

Was tue ich heute gezielt für mein Stimmungs-Management?

....

....

....

„B5" steht für Beziehungen in fünf Vernetzungen.

Unser Kontakt-Universum gliedert sich in 5 Bereiche. Diese 5 fache Vernetzung spiegelt uns Menschen das, was wir als Lebensgefühl empfinden.

Beziehungen geben unserem Leben Halt und Lebendigkeit. Kein einzelner von uns ist so klug und erfahren wie wir alle zusammen. Deshalb tun wir uns und unserem Leben Gutes, wenn wir Ausschau halten nach Menschen, die wir bereichern können und die uns gut tun: durch ihre Besonderheit, durch ihre Erfahrung, durch ihr Beispiel, durch eine Gemeinsamkeit, durch die Neugier am Entstehen einer vielleicht erfolgreichen Verbindung für das ganze Leben.

„B hoch 5" steht für die sich gegenseitig beeinflussenden Beziehungsfelder:

„B^1": Die Beziehung zu mir selbst. Wir lernen, uns selbst zu akzeptieren und werden unser eigener Berater, der es wirklich gut mit uns meint. Wir sind erlich zu uns und steigern unsere Selbst-Achtung sowie Selbst-Motivation.

„B^2": Die Beziehung zu meinem Liebes-, Lebens-, Ehe-Partner. Wir steigern unsere Beziehungsfähigkeit unserem Partner gegenüber, indem wir eine neue Form der Kommunikation wählen. Eine Art der Umgangsweise, die beiden gerecht wird.

„B^3": Die Beziehung zu meinen Kindern, meinen Eltern, meinen nahen Verwandten und besten Freunden. Die Menschen unseres direkten Umfeldes, um die wir oder die sich auch wegen uns Sorgen machen könnten, wo Vertrauen und Offenheit eine wichtige Rolle spielen.

„B^4": Die Beziehung zu Mitarbeitern, Vorgesetzten, Kunden, Lieferanten und Kooperationspartnern. Das Feld der beruflichen Vernetzungen bis hin zum Aufbau echter Geschäftsfreundschaften.

„B^5": Die Beziehung zur (subjektiv erlebten) Welt. Dahinter stehen Themen wie Lebenseinstellung, Umwelt, Politik, Geld, Werte, Medien, gesellschaftliche Verantwortung.

Nehmen Sie bitte wieder einen Stift zur Hand und lassen Sie beim Eintragen in die ChecklisteIhrer Phantasie freien Lauf. Nutzen Sie diese gute Möglichkeit, sich selbst immer noch ein Stückchen näher kennen zu lernen. So sind Sie ständig am Ball Ihrer Entscheidungen, das eine oder andere in Ihrem Beziehungs-Universum positiv zu verändern.

B^1 = Meine Beziehung zu mir selbst

Wie kann ich mich heute noch besser „entdecken"?

....

....

Wie kann ich heute meine Selbst-Achtung steigern?

....

....

Welche Stärken besitze ich für den Aufbau und die Pflege von Beziehungen?

....

....

Wie kann ich diese Stärken heute noch besser einsetzen?

....

....

Wie kann ich heute meine Ziele noch klarer formulieren?

....

....

....

Wie kann ich heute mein Denken, Planen und Handeln noch gezielter per Selbst-Kontrolle für meinen Erfolg nutzen?

....

....

....

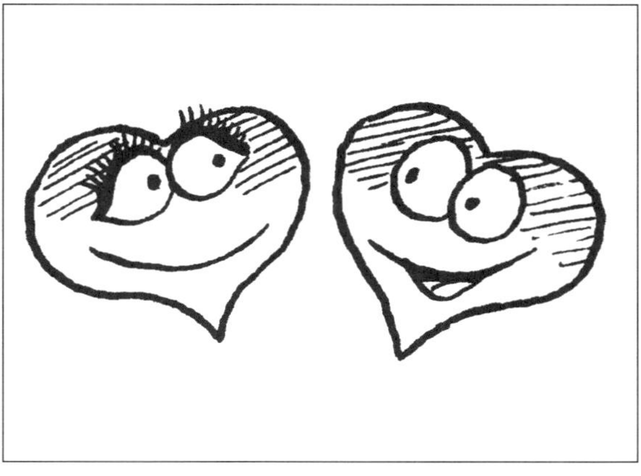

B^2 = Meine Beziehung zum Liebes-, Lebens-, Ehepartner

Zu welchen Zeiten bin ich regelmäßig mit meinem Lebenspartner zusammen?

....

....

Wie erlebe ich die gemeinsame Zeit?

....

....

Welche „Lebensbühnen“sind uns beiden wichtig?

....

....

....

Welche Rollen spielen andere Menschen für unsere Partnerschaft?

....

....

....

....

....

B^3 = Meine Beziehung zu meinen Kindern, Familienangehörigen, Freunden

Welche Stärken meiner Kinder kenne und fördere ich?

....

....

....

Welche gemeinsamen Ziele planen und realisieren wir?

....

....

In welchen Situationen möchte ich noch besser zuhören, ohne immer gleich in negative Kritik zu verfallen?

....

....

....

Woran erkennen und spüren meine Kinder, Familienangehörigen und Freunde meine Liebe/meine Zuneigung?

....

....

....

Wem vertraue ich zu 100%?

....

....

....

Wer vertraut mir (meiner Meinung nach) zu 100%?

....

....

....

B^4 = Meine Beziehung zu Mitarbeitern, Kunden, Kooperationspartnern

Was verbinde ich mit dem Begriff „Kontaktbegeisterung“?

....

....

Wie kann ich meine Kontaktfreude steigern?

....

....

Wen möchte ich heute zum ersten Mal kontakten?

....

....

Rufe ich an? Schreibe ich per E-Mail, Brief, Fax?

....

Welche Einleitung?

....

....

Welcher Haupt-Gedanke?

....

....

Welche „Vereinbarung“ möchte ich treffen? Eine persönliche Verabredung? Einen Telefontermin? Etwas per Post zusenden?

....

Was tue ich heute konkret dafür, weitere Kontakte aufzubauen?

....

....

....

Was tue ich heute dafür, bestehende Beziehungen zu pflegen?

....

....

B^5 = Meine Beziehung zur Welt (Natur, Umwelt, Werte, Medien, Politik)

Wofür bin ich im Bereich Natur/Umwelt mitverantwortlich?

....

....

Was tue ich für die Wahrnehmung dieser Verantwortung?

....

....

Wie gehe ich mit Presse-Nachrichten um?

....

....

Welche politische Meinung bilde ich mir durch welche Informations-Quellen?

....

....

Welche Lebenswerte möchte ich täglich mit Leben erfüllen?

....

....

Wie nehme ich am öffentlichen Leben teil?

....

....

An welche Persönlichkeit, die im öffentlichen Interesse steht, werde ich folgende Frage richten?

Person ....

Frage ....

Person ....

Frage ....

Person ....

Frage ....

„S“ steht für Spitzenleistung.

Spitzenleistung hat sicherlich viel mit Einsatz und Wirksamkeit zu tun. Beim Wort Spitzenleistung kommt vielleicht zusätzlich ein Gefühl auf, dass jemand alles denkbar Mögliche getan hat, um ein bestimmtes Ergebnis sicher zu stellen.

Die Fähigkeit zur Spitzenleistung scheint die neue Qualität eines Anforderungsprofils zu sein. Spitzenleistung ist Ergebnisorientierung in Reinkultur und kombiniert Geisteshaltung mit Prozess-Qualität und erreichten Zahlen. Nutzen Sie Ihre eigenen Chancen und verteilen Sie viele davon an die Menschen in der Geschäftswelt, mit denen Sie zur Nr. 1 in Ihrer Branche werden möchten.

Hier für Sie die nächste Checkliste:

Wie lautet mein bedeutendstes Lebensziel?

....

....

a) Meine wichtigsten Unternehmens-Ziele:

....

....

....

b) Meine größten privaten Ziele:

....

....

....

Wie kann ich meine Ziele am effektivsten erreichen?

....

....

Wie gehe ich heute besonders klug mit meiner **Zeit** um?

....

....

Wie organisiere ich den heutigen Tag *ergebnis*-orientiert?

....

....

Wie organisiere ich den heutigen Tag *erlebnis*-orientiert?

....

....

Welche neuen Ideen für meinen Erfolgs-Aspekt „Geld“ entwerfe ich heute?

....

....

Von welchen Menschen hole ich mir heute Feedback?

....

....

Welchen Menschen gebe ich heute konstruktives Feedback?

....

....

Der Leistungsbereich bezieht sich nicht nur auf die aktiven Firmenbereiche, sondern auch auf

⇨ die Gartenarbeit des Rentners,

⇨ die Pflege der kranken Mutter durch die Tochter,

⇨ das Familien-Management sowie

⇨ die ehrenamtlichen Aufgaben und

⇨ besonders in der heutigen Zeit auf die Arbeit und darauf, (wieder) Arbeit zu bekommen.

Wer keine Arbeit hat, formuliert das oft wie folgt: „Ich bin arbeitslos."

Das ist eine falsche und negative Darstellung der Situation!!!
Wer augenblicklich keiner Beschäftigung nachgeht, weil er

• vielleicht selbst gekündigt hat,

• vom Unternehmen entlassen wurde,

• der Unternehmens-Pleite zum Opfer gefallen ist

• oder noch keine Anstellung hatte ...

... der hat ab sofort einen Fulltime-Job:

Arbeit zu finden und das mit allen zur Verfügung stehenden Mitteln!!!

Der Erfolgs-Code für Ihr Leben lautet: V B^5 S Z

Ein paar Anregungen, um Arbeit zu finden und einen neuen Anfang zu wagen

1. Bewerben Sie sich auch ohne Stellenausschreibungen.

Stellen Sie sich selbst und Ihre Leistungsstärke in einer „Zielgruppen-Kurz-Bewerbung"(nach EKS) vor. Bei einer ZKB handelt es sich um eine Aktion per Brief an eine ganze Zielgruppe oder einen repräsentativen Teil. Die ZKB bewährt sich inzwischen überall dort, wo man die Reaktion einer (Teil)-Zielgruppe auf eine Idee oder ein Angebot zur Zusammenarbeit messen will. Mit einer ZKB können Sie aus mehreren hundert oder auch aus tausenden Unternehmen oder Personen die möglicherweise geeignetsten Kontakte für Sie finden.

Die ZKB ist preiswert, da es sich um ein- bis zweiseitige Briefe handelt. Sie können dann sogar telefonisch nachfassen und den Kontakt weiter vertiefen, um dann zusätzliche Unterlagen zu versenden oder gleich einen Besprechungstermin zu vereinbaren.

2. Reagieren Sie wirksam auf Anzeigen von Unternehmen.

Entwickeln Sie wirksame Unterlagen. Schulen Sie Ihre Stimme und rufen Sie kurz bei dem Unternehmen an, um Ihre Unterlagen zu avisieren und einen möglichen Vorstellungstermin grob einzugrenzen. Legen Sie bei jeder schriftlichen Bewerbung Ihr bestes Foto bei. „Ein Bild sagt mehr als 1000 Worte".
Achten Sie unbedingt bei den Fotoaufnahmen auf Ihre positive Körpersprache, die sich später auf dem Foto spiegeln soll.

3. Erstellen Sie eine Liste aller Menschen, die Sie im Laufe der letzten Jahre kennengelernt haben.

Rufen Sie diese alle an und erklären Sie in Kurzform, welche Position Sie genau suchen. Wer Ihnen nicht weiterhelfen kann, kennt vielleicht jemanden, der Ihnen eventuell eine Information zuspielen könnte. Jeder, der weiß, was für eine Position Sie sich wünschen und wo Ihre Stärken liegen, ist ein Potential-Faktor für Sie in der Gesellschaft. Sollte jemand von Ihren Bekannten und deren Freunden ebenfalls etwas Bestimmtes suchen, wobei Sie behilflich sein können, dann tun Sie es bitte spontan, voller Freude und Energie!

4. Stehen Sie jeden Morgen um 6.00 Uhr auf.

Bereiten Sie sich auf einen erfolg- und arbeitsreichen Tag vor. Ihre „Arbeit“ heißt ab sofort: „Arbeit zu finden“. Und zwar mit der Umsetzung vieler Ideen und der Wahrnehmung von Chancen. Verlassen Sie bei vorübergehender Arbeitssuche niemals Ihren dynamischen Tagesablauf. Alles ist besser, als in eine depressive „Abwartehaltung“ zu verfallen und den Draht zur Selbst-Motivation zu verlieren.

Jetzt sind Sie an der Reihe!

Entwickeln Sie weitere Ideen für den Weg zur richtigen Position. Und wenn Sie Ihren „Traum-Job“schon ausfüllen, dann helfen Sie mit Ihren Ideen bitte anderen Menschen, die wirklich Arbeit suchen und sich mit ihrer ganzen Persönlichkeit dafür einsetzen:

5. ______________________________

____

____

____

6. ______________________________

____

____

____

7. ______________________________

____

____

____

____

„Z" steht für Zukunftsgestaltung.

Wer nicht an seine Zukunft glaubt, der hat keine.

So schimpft ein Sprichwort. Aber wir wissen längst um die Bedeutung, selbst an unsere Idee, die wir realisieren möchten, zu glauben. Und einen zweiten Satz fügt der Volksmund hinzu:

Wer nicht mit der Zeit geht, der muss mit der Zeit gehen.

Und noch einen oben drauf:

Wer das Ziel nicht kennt, der kann den Weg nicht finden.

Unsere Zukunft muss HEUTE vorbereitet und gestaltet werden. Das funktioniert nur dann wunschgemäß, wenn wir uns mit anderen Menschen vernetzen, die entweder gleiche Ziele besitzen oder wir uns gegenseitig dabei helfen, jeweils die Ziele des anderen zu erreichen.

In diesem Buch finden Sie viele Anregungen auch von besonders erfolgreichen Menschen, die Ihr eigenes Beziehungs-Management lebendig und fair aufgebaut haben und ständig weiterentwickeln.

Gehen auch Sie diesen interessanten Weg des respektvollen Aufbaus von menschlichen Verbindungen. Sie erreichen Ihre eigenen Ziele leichter und leben mit Vertrauen, Zuneigung, Verlässlichkeit und der

Bereitschaft, gemeinsam ständig weiter die schönen Seiten des Lebens zu entschlüsseln.

Unsere Lebens-Zeit ist der Rohstoff, aus dem Erfolge erwachsen

Sehr viele Menschen leiden heute unter Stress. Sie sprechen von Überlastung, zu wenig Zeit für zu viele Aktivitäten. Der Tagesplan wird nicht erfüllt, alles erscheint wichtig und dringend. Und am späten Abend sind sie „geschafft“, ohne ihre Aufgaben „geschafft“zu haben.

Dauerdruck, Fehler im Ablauf sowie Mißverständnisse in der Kommunikation gesellen sich zu Führungsschwächen und Ärger mit Kunden. Hinzu kommen Probleme mit dem Partner, mit den Kindern, mit sich selbst und dem Rest der Welt ...

Und das alles in der Vernetzung mit anderen Menschen und deren Situationen. Zeit ist mehr als das Ablesen einer Uhr. Zeit ist mehr als Geld. Zeit ist mehr als das Längenmaß unserer Existenz. Zeit ist Lebensqualität. Zeit ist Leben.

Die Probleme der heutigen Zeit mit der „Zeit“lassen sich in vielen Varianten beschreiben und werden schnell zur „never-ending-story“ ausformuliert. Umgang mit Zeit ist eine sehr persönliche Angelegenheit. Wir werden in diesem Bereich nie „perfekt“ werden können, weil wir immer auch von den Planungen sowie von der Zuverlässigkeit anderer Menschen abhängig sind. Beispiel: Sie sind pünktlich um 10 Uhr am Ort der Verabredung, Ihr Gesprächspartner kommt aber erst eine Stunde später ... Der Tagesplan könnte nach hinten wie ein Kartenhaus zusammenfallen, oder man läuft den Terminen eines ganzen Tages „hinterher“.

Die Herausforderungen unserer Zeit sind nur zu meistern, wenn wir alle daran arbeiten, unsere Potentiale, unsere Reserven an Kräften, Ideen und Begabungen dafür zu nutzen. Und das im Einklang mit der Zeit.

Mein tägliches „Mini-Selbst-Seminar“:

HEUTE ist mein „Tag des Erfolgs“

Erfolg ist die Gewohnheit, sich auf dem richtigen Weg zu befinden bis wir unsere Ziele erreicht haben. Und der richtige Weg heißt „tägliche Aufgabenerfüllung“. HEUTE ist eines der wichtigsten Wörter in unserem Leben. Nur mit dem HEUTE werden wir zu Gewinnern und können im jeweiligen HEUTE dafür sorgen, dass wir auch in Zukunft weiterhin zu den Siegern zählen. Also nutzen wir die Chancen unseres wundervollen Lebens und verbinden unser jeweiliges HEUTE mit der Erfüllung unserer täglichen Hauptaufgaben: „Kontakte aufzubauen und Beziehungen zu pflegen“.

Und für diese Hauptaufgaben steht uns das HEUTE täglich zur Verfügung. Wichtig dabei: Wir sind bereit zum täglichen Training mit echtem Engagement für Spitzenleistungen. Allein die Praxis entscheidet über unsere Erfolge. Nur unser TUN bringt uns an unsere Ziele und hilft uns dabei, immer noch fähiger und professioneller zu werden.

Und das aus eigener Kraft, mit dem Wort ***SELBST***:

„Vom persönlichen Motiv zu höchster Selbst-Motivation“

Nehmen wir unsere Erfolge selbst in die Hand und starten wir jeden Morgen unseren Tag mit einem Mini-Selbst-Seminar. Nutzen wir jede Gelegenheit, uns über die Bedeutung folgender Werte Klarheit zu verschaffen. Erst, wenn wir unsere eigene Kraft voll entfalten, können wir diese Energie auch auf andere Menschen und Projekte übertragen:

Selbst – …

Selbst-Achtung

Selbst-Aktivierung

Selbst-Befreiung

Selbst-Bewusstsein

Selbst-Bild

Selbst-Disziplin

Selbst-Erkenntnis

Selbst-Förderung

Selbst-Führung

Selbst-Kontrolle

Selbst-Lernprozess

Selbst-Liebe

Selbst-Management

Selbst-Motivation

Selbst-Sicherheit

Selbst-Verantwortung

Selbst-Vertrauen

Selbst- …

Selbst- …

Selbst- …

Selbst- …

Selbst- …

Selbst- …

Selbst- …

Selbst- …

Selbst- …

Selbst-Einschätzung und Selbst-Aktivierung – ein Erfolgs-Rezept neu entdecken

Was müssen wir tun, um erfolgreich zu sein? Die Antwort steckt bereits in der Frage: „Wir müssen etwas tun, um erfolgreich zu sein!!“

Der erste Schritt: Entdecken Sie sich neu. Finden Sie heraus, was Sie an sich selbst mögen. Nehmen andere Menschen Ihre Stärken, Talente und Vorlieben wahr? Welches Image besitzen Sie bei sich selbst und welches innerhalb Ihres Kontaktnetzes?

Was schätzen Sie an sich selbst?

❑ Respekt?
❑ Fairness?
❑ Gespräche führen und gut zuhören können?
❑ Menschen begeistern und für sich gewinnen?
❑ Menschen verstehen und Vertrauen aufbauen?
❑ bei Problemen aktive Hilfe bieten?
❑ logisch denken?
❑ Tennis, Fußball spielen (oder eine andere Sportart)?
❑ Kochen, Schach spielen (oder ein anderes Hobby)?
❑ eigene Gefühle wahrnehmen und äußern?
❑ Gefühle anderer wahrnehmen und verstehen können?

❑ Geschichten erzählen können?
❑ originelle Ideen entwickeln?
❑ Ideen umsetzen, gut organisieren?
❑ Beliebtheit?
❑ sich attraktiv zurechtmachen können?
❑ Zuverlässigkeit?
❑ Ehrlichkeit?
❑ Einfühlsamkeit?
❑ Charisma?
❑ Stimme und Stimmung?
❑ Sind Sie immer für eine positive Überraschung gut?
❑ Sind Sie beliebt?
❑ Romantik?
❑ Vertrauenswürdigkeit?
❑ Gewissenhaftigkeit?
❑ Anpassungsfähigkeit?
❑ Menschenkenntnis?
❑ Gelassenheit, auch in schwierigen Situationen?
❑ Menschen führen können?
❑ Emotionale Selbst-Kontrolle?
❑ Können Sie sich und anderen verzeihen?
❑ Pflichtbewusstsein?
❑ Motivationskraft?
❑ Selbst-Bewusstsein?
❑ Selbst-Vertrauen?
❑ Selbst-Wertgefühl?
❑ Innovations-Stärke?
❑ Leistungs-Bereitschaft und Durchhaltevermögen?
❑ Engagement?
❑ Zielklarheit?
❑ bereit sein, Chancen zu ergreifen?
❑ Flexibilität?
❑ Optimismus?
❑ Service-Orientierung?
❑ Politische Meinungsbildung?
❑ Konfliktbewältigung?
❑ Bindungsfähigkeit?
❑ Kooperationsstärke?
❑ Teamfähigkeit?

- ❑ Lernbereitschaft?
- ❑ Konzentrationsfähigkeit?
- ❑ Liebevolles Wesen?
- ❑ Sicherheit vermitteln?
- ❑ Höflichkeit, Freundlichkeit?
- ❑ Bildung?
- ❑ Erfolgreich?
- ❑ Wohlhabend?
- ❑ Netzwerk orientiert?
- ❑ Zusammenhänge aus der Vogelperspektive betrachten können?
- ❑ Menschen so annehmen, wie sie sind?

Warum fällt es vielen Menschen so schwer, die für sie wichtigen Kontakte zu knüpfen?

Wahrscheinlich ist es die Angst, nicht gut anzukommen oder die Furcht, zu versagen. Kinder haben ein gutes Gespür für Aufrichtigkeit und Selbstbewusstsein. Ich habe einmal gehört, dass ein Test in einem Kindergarten gemacht wurde. Drei Weihnachtsmänner kamen durch die Tür nacheinander herein und präsentierten die Geschenke aus dem großen Sack. Der erste spielte einen Schüchternen, der kaum etwas sagte, sich also fast stumm die Pakete aus der Hand nehmen ließ. Der zweite sprach mit den Kleinen und übergab dann die Präsente. Der dritte war energisch und inszenierte seine Vorstellung fast autoritär. Er teilte die Kinder in 2 Gruppen ein, stellte „Bedingungen“, bevor er die Geschenke über ein Ratespiel jedem einzelnen mit einem lustigen Spruch übergab.

Sie dürfen gern raten, welcher Weihnachtsmann das Herz der Mädchen und Jungen eroberte ... natürlich der dritte, leicht energische, dynamische, ideenreiche und dennoch bestimmte. Kinder und Erwachsene können sich am besten auf Menschen einstellen, die wissen, was sie wollen.

Ich weiß, dass dies viel mit Selbstvertrauen und dem Glauben an sich selbst zu tun hat. Aber wenn viele Kinder in der heutigen Zeit keine Eltern oder andere Leitfiguren kennen, die mit Elan und Optimismus eine Sache in die Hand nehmen, wie sollen dann später die Führungskräfte heranwachsen, die die Unternehmensgeschicke kontaktfreudig und ideenreich zum Erfolg führen?

Die Visionen für das, was wir Zukunft nennen, spielen in unserem Leben die absolute Hauptrolle. Stellen Sie sich Ihre Ziele mehrmals täglich bildhaft vor. Leben Sie in Ihren Träumen, und tanken Sie die elektrische Spannung, die Sie aus liebendem Herzen zum Handeln zwingt.

Tauchen Sie ein in die Wunderwelt Ihrer Visualisierungen. Träumen Sie sich hinein, in ein von Ihnen vorgegebenes Thema. Visionen bündeln Ihre Kreativität und festigen Ihr Wunsch-Ziel-Verhältnis.

Wir brauchen mehr Beziehungs-Visionäre

Ein Visionär ist ein Vordenker, Geistes-Seher, Träumer, Zeichensetzer und Vernetzer aller kreativen Richtungen für die Zusammensetzung des Ganzen. Der Visionär lebt und gestaltet seine Erfolge aus dem inneren Menschen. Er verliebt sich in ein oder mehrere Bilder, die sich puzzlemäßig ergänzen und sein Denken oft für Stunden auf eine kreative Hochebene anheben. In diesen Zeiten lässt man ihn am besten „in Ruhe“ und drängt sich ihm nicht mit „banalen“oder alltäglichen Dingen auf.

Als echter Visionär verlässt er diesen Schwingungszustand nicht gern freiwillig. Ein Nachschieben neuer Gedankenkombinationen will nicht unterbrochen werden, steht als Quelle manchmal über Tage sehr intensiv zu Verfügung. Eine Visions-Klausur kann häufig dafür sorgen, dass Problemlösungen komplett „umgerührt“ und neu gestaltet werden.

Das Leben und Gestalten von Elementen für Beziehungsaufbau oder ein besseres Arbeitsklima aus Visionen ist sicherlich nichts Neues. Aber die Art und Weise der entstehenden Zielstrebigkeit und Erfolgsquote ist bei täglichem Einsatz von Seltenheitswert. Zielvisionen bedeuten: bildhafte, theoretische und gefühlsmäßige Vorbereitung und Einstimmung auf „Erfolg-verursachende Handlungen“.

Ideen + Menschen + Aktivitäten = Erfolge

Was bedeutet Partnerschaft?

Claudia E. Enkelmann ist Referentin, Trainerin und Autorin des Buches „Mit Liebe, Lust und Leidenschaft zum Erfolg". Als Diplom-Psychologin hat sie sich mit dem Thema Partnerschaft intensiv befasst. Sie sagt: „Die Ehe ist die beste Erfindung, die für den Mann gemacht wurde. Alle Untersuchungen zeigen, dass Männer in einer festen Partnerschaft selbstbewusster, erfolgreicher und gesünder sind. Sie arbeiten konzentrierter und leben sogar länger. Die Ehe ist für Männer der beste Schutz gegen Depression und Verwahrlosung.

Nun sind Frauen natürlich nicht total selbstlos. Aber es lohnt sich wirklich für jeden Mann, etwas für seine Partnerin und somit für seine Partnerschaft zu tun. Schon wenige Minuten Aufmerksamkeit pro Tag lohnen sich wirklich. Wer ab heute etwas mehr in seine Beziehung ‚investiert', der erzielt morgen eine interessante ‚Rendite'."

Die „Spielregeln des Herzens"

Das Thema Partnerschaft habe ich persönlich ganz neu erlebt. Als ich meine heutige Frau im März 1998 kennenlernte, stiegen mein Lebensgefühl und mein Erfolg in sämtlichen Bereichen steil an. Bereits bei unserer ersten Begegnung erlebten wir beide eine nie für möglich gehaltene Offenheit und Zusammengehörigkeit. Wir schauten uns an und spürten sofort: Zwischen uns ist etwas anders, als bei den vergangenen Partnerschaften. Wenn wir heute auf die Zeit zurückblicken, fragen wir uns oft, womit wir diese große Liebe „verdient“haben. Vielleicht halten wir uns nur beide (unbewusst und bewusst) an die „Spielregeln des Herzens“?!

Durch unsere tägliche Neugier, uns immer tiefer zu entdecken, schenken wir uns gegenseitig die schönste Liebe. Und dabei ging alles so schnell, viel zu schnell jedenfalls für unser total überfordertes Umfeld. Im März zum ersten Mal getroffen, im Mai zusammengezogen, im August ein Haus gekauft, im November geheiratet, im Juli einen Sohn zur Welt gebracht. Und der zweite gemeinsame Sohn ist bereits unterwegs und wird im Februar erwartet.

Ich habe mich oft gefragt, ob es ein „Geheimrezept“ für unsere harmonische Beziehung gibt. Auch wir haben viel darüber nachgedacht. Ich habe für Sie 11 Gedanken zu diesem Thema aufgeschrieben, wie wir miteinander umgehen:

11 Gedanken für eine glückliche Partnerschaft

(Im Text bedeutet „Partner“auch „Partnerin“)

1. Lernen Sie die Stärken Ihres Partners kennen, indem Sie danach Ausschau halten. Es gibt so viel zu erforschen, mit allen Sinnen. Erleben Sie jeden Tag das, was Sie an Ihrem Partner bereits kennen, neu. Aber seien Sie in Ihrer Wahrnehmung immer auch für eine positive Überraschung gut, indem Sie für möglich halten, dass Ihr Partner weitere Stärken für Sie zur Entdeckung bereithält.

2. Schreiben Sie von Zeit zu Zeit in Ihrem Zeitplanbuch oder an sonstiger Stelle wunderschöne Momente der Verbundenheit auf. Viele Minuten und Stunden sind zu schön, als dass wir sie nur kurz wahrnehmen. Notieren Sie all das, was Sie an Ihrem Partner lieben, warum Sie stolz auf ihn sind und wofür Sie Dankbarkeit empfinden, dass Sie diesen wundervollen Menschen an Ihrer Seite haben.

3. Schauen Sie immer häufiger durch die Augen Ihres Partners in die Welt. Bereichern Sie Ihr eigenes Inneres mit der Sichtweise Ihres Partners. Wenn Sie genau wissen, was Ihr Partner liebt, dann können Sie ihm sehr oft eine besondere Freude bereiten. Und eines dürfen Sie glauben: Glückliche Momente entstehen oft aus kleinen Verbundenheiten. Genießen Sie die Kostbarkeiten der

Augenblicke, wenn Sie spüren, wie nah Sie sich nicht nur körperlich, sondern auch geistig und seelisch sind.

4. Führen Sie alle Gespräche mit Respekt und Verständnis. Bauen Sie sich ein Dialogsystem auf, in dem sich beide wohlfühlen. Lassen Sie Ihren Partner seine Gedanken möglichst immer bis zum Ende ausführen. Frauen brauchen oft mehr Worte, um nicht nur den Inhalt der Botschaft, sondern auch die dazugehörigen Gefühle zu beschreiben. Männer kommen oft sehr gern schnell zur Sache, wünschen flinke Entscheidungen. Seien Sie ein Gesprächspartner mit emotionaler Kompetenz und der Liebe zu einer zweiten Sichtweise.

5. Lernen Sie, Ihren Partner genau so zu akzeptieren, wie er ist. Nehmen Sie die Elemente seines Wesens ernst, für die Sie sich vielleicht spontan nicht unbedingt begeistern. Sagen Sie Ihrem Partner, dass Sie ihn auch akzeptieren, wenn er einige Interessen haben sollte, die Sie nicht teilen. Sie wissen doch: Gleich und gleich gesellt sich zwar gern, aber Gegensätze ziehen sich auch an. Nutzen Sie beide Seiten der Partnerschaftsmedaille.

6. Wenn Sie sich als Partner wirklich die Mühe machen, sich selbst besser kennenzulernen, werden Sie auch für Ihren Partner zunehmend mehr Verständnis aufbringen. Das gilt ebenfalls für Ihren Partner. Was jeder für sich selbst tut, das hat er auch für den Partner zur Verfügung.

7. Versuchen Sie nie, Ihren Partner zu verändern. Steigern Sie Ihre Fähigkeit, aktiv zuzuhören. Schaffen Sie ein Klima von fließender Kreativität und Spontaneität. Jeder von Ihnen darf das sagen, was ihm auf dem Herzen liegt. Aber einer kann nur zur Zeit sprechen. Eine einfache Weisheit des Umgangs miteinander. Wechseln Sie sich im Gespräch ab. Aber sorgen Sie immer dafür, das der andere das, was Sie gesagt haben auch wirklich so versteht, wie Sie es gemeint haben und umgekehrt. So erarbeiten Sie sich ein Transparenz-System, das Sie Ihr ganzes Leben nutzen können. Und oft wird einer von Ihnen sagen: Das habe ich auch gerade gedacht!

8. Wenn Sie oft an Ihren Partner denken, dann fallen Ihnen auch häufig kleine Aufmerksamkeiten ein, über die er sich freuen wird. Der Blumenstrauß, der kurze Anruf vom Flughafen, der Brief von unterwegs, die Einladung ins Lieblingslokal, der gemeinsame Besuch bei Freunden, das Picknick im Grünen, der Trip zu Verwandten oder netten Kollegen. Eine große Liebe besteht aus der Summe vieler kleiner Gefühle im Alltag. Die gefühlsmäßige Sicherheit beider Partner, dass jeweils der andere voll zu ihm hält, ist durch nichts auf der Welt zu ersetzen.

9. Entwickeln Sie gemeinsame Ziele, für die Sie sich beide mit Energie einsetzen. Doppelte Zielklarheit schafft vierfache Chancen auf Verwirklichung. Unterstützen Sie Ihren Partner bei seinen eigenen Zielen. Allerdings nur in der Intensität, die er sich wünscht. Die Zeiten, in denen man sich alles abnehmen lässt, sind längst vorbei. Menschen beider Geschlechter lieben heute den Erfolg aus eigener Kraft. Allerdings gern mit der ehrlichen Unterstützung des Lebenspartners.

10. Leben Sie das Thema Zärtlichkeit noch „liebevoller“. Berühren Sie Ihren Partner nicht nur, wenn Sie mit ihm ins Bett gehen möchten. Entdecken Sie die wunderschöne Seite der körperlichen Nähe ganz neu. Dazu gehören auch sanfte Blicke, die Berührung beim Übergeben irgendeines Haushaltsgegenstandes oder eines Blumenstraußes. Küssen Sie Ihren Partner nicht nur auf den Mund. Wangen, Schläfen, Stirn, Arme, Schultern, Hände, Rücken, Hals, Nacken, Ohren und viele andere Stellen wollen auch verwöhnt werden.

11. Seien Sie der zuverlässigste Partner, den Ihr Lebenspartner sich wünschen kann. Alles, was Sie ihm sagen, muss nach bestem Wissen wahr sein und eingehalten werden. Gönnen Sie Ihrem Partner das wunderschöne Gefühl dieses hohen Niveaus einer Beziehung. Seien Sie ehrlich, offen und versuchen Sie damit, ein Vorbild für viele andere Menschen zu sein. Dann werden Sie Ihre Ziele erreichen, Ihrem Partner eine wundervolle Frau oder ein liebevoller Mann sein und einen wertvollen Beitrag für die Welt der Partnerschaft leisten.

Was bedeutet Arbeit?

Kann Arbeit auch Vergnügen sein?
Kann Arbeit auch Erfüllung sein?
Kann Arbeit glücklich machen?

JA! JA! JA!

Warum?
Weil Arbeit
immer auch etwas
mit Menschen zu tun hat!!!

Ohne die Liebe zum Schreiben über das Thema „Beziehungs-Fitness“ wäre dieses Buch von mir nie entstanden. Natürlich beinhaltet jede Seite auch Disziplin und so manche Phase, in der ich „loslassen“ musste, um neue Übersicht zu schaffen. Einige Male hatte ich zuviel geschrieben und musste kürzen, umformulieren oder komplett rausschmeißen ...

Aus dem Sport kennen wir das Thema „Training“ besonders gut. Der Sportler trainiert täglich mehrere Stunden, wenn er seine Leistungen steigern möchte. Was wäre die Medaille ohne die Spitzenleistung ? Die Kombination von Wille, Glaube, Einsatz und Zielerreichung treibt uns zu Endergebnissen an, zum Zustand „erfüllt zu sein, glücklich zu sein, Vergnügen zu erleben“.

Der Mensch gehört an die erste Stelle unserer Überlegungen. Unser Motto heißt:

Nehmen Sie Ihr HEUTE mit Hingabe an. Leben Sie Ihre Vorstellungen, indem Sie jeden Tag als wirksame Einheit für Ihren Gesamterfolg betrachten. Steigern Sie täglich Ihr Akzeptanz-Verhalten.

Denn das ist ebenfalls eines unserer Grundbedürfnisse: Wir wollen so „genommen“ werden, wie wir sind – wir alle!!

Das Thema der Gleichberechtigung lässt sich meiner Meinung nach nicht auf den Aspekt der Geschlechter reduzieren. Gleicher Einsatz schafft nicht immer die gleichen Ergebnisse. Wenn die Menschen im Durchschnitt täglich 8 Stunden lang ihre Arbeit „ver-richten“, so leistet der eine vielleicht doppelt soviel wie ein anderer, und eine Minderheit produziert nur „Gerüchte oder Ausschuss“. Jeder hat bei uns ein Recht auf Arbeit. Wenn er oder sie allerdings über keine passende Arbeit verfügt, bekommt der Mensch sein „Recht“unter bestimmten Voraussetzungen als Arbeits-„losen“-Geld vergütet.

Es stellt sich die Frage: Woran messen wir den Erfolg des Einzelnen, am Einsatz oder am Ergebnis ? Bei einem Kind, das ein Bild für die Mutti zum Geburtstag malt, reagieren wir spontan positiv:

„Toll, das hast Du aber fein gemacht, da hast Du Dir bestimmt große Mühe gegeben. Danke mein lieber Schatz ...“

Bei einem Mitarbeiter, der drei Tage für eine bestimmte Aufgabe benötigt und kein sichtbares Ergebnis erzielt, fragen wir uns schon:

„Was soll das eigentlich werden? Dem Chef reißt bestimmt bald der Geduldsfaden!?“

Auch ist es noch kein Lob wert, wenn jemand uns stolz seinen Stundenzettel mit den Worten präsentiert:

„ Das bedeutet im Schnitt 14 Stunden pro Tag ...!“

Vielleicht hätte sein Kollege in der Hälfte der Zeit mehr erreicht oder zumindest die Überstundenabrechnung nicht so stark belastet.

Auf den Einsatz kommt es sicherlich auch an. Aber das Ergebnis ist entscheidend für unser eigenes Erfolgsgefühl. Und das, was wir von einer Sache halten, die direkt im Zusammenhang mit uns steht, das verankert sich in uns als Erfahrung für unsere zukünftigen Maßstäbe und Verhaltensprogramme.

Wer die Basis für seinen eigenen Erfolg schaffen will, der ist gut beraten, wenn er nach Problemen Ausschau hält, um sie für sich oder andere in optimale und effektive Lösungen zu verwandeln.

Laut der EKS-Strategie (Engpass-konzentrierte-Strategie von Wolfgang Mewes) ist ein Problem (ein „Mangel") sogar die einzige Chance für uns, Marktführer zu werden, indem wir dieses Problem besser lösen als alle anderen Anbieter. Es fehlt also irgend etwas am Produkt oder an der Dienstleistung. Und Sie haben die Chance, es den Mitmenschen zu verschaffen, durch Ihre Ideen, Fähigkeiten und durch strategisches Vorgehen. Sie werden erfolgreich und Ihre Kunden ebenfalls.

So knacken wir die Nuss am besten von der negativen Seite: Zuerst 20% für die Analyse des Problems aufwenden, dann 80% Einsatz auf die Lösung verwenden.

Kraft für jeden neuen Tag

Kraft ist ein Grundelement unseres Lebens. Oft hat sie sich versteckt oder hält sich für bestimmte Augenblicke im Hintergrund bereit, wie ein Tiger in seinem sicheren Versteck, bevor er sich auf die Antilope stürzt. Wir dürfen nicht zu jeder Sekunde unser Kräftepotential ablesen wollen. Häufig benötigen wir zwar von einer Situation auf die andere Energie, aber durch unsere Gedanken und vorausschauendes Handeln wird diese Energie schnell aktiviert und steht uns dann zur Verfügung.

Zum Beispiel kann dieses Buch Ihre Kraft wecken. Jede Seite enthält eine Botschaft für den, der sie empfängt. Die Gedanken enthalten eine Fülle von Anregungen, aus denen sich jeder genau das entnehmen kann, worauf er „Appetit“ hat. Wie ein Buffet, das angerichtet wurde, ob Kommunikationsprobleme, Ideenentwicklung, Emotionen oder Selbstmanagement den Engpass bedeuten.

Bücher sind für mich wie Kino im Kopf. Manchen Film schau’ ich mir gern ein zweites Mal an. Wir leben in und durch Visionen, die von Begriffen auf die Reise geschickt werden. Verbale Beschreibungen erzeugen kraftgebende Bilder für unsere Schaffenskraft.

Gemeinsame Ergebnisse schaffen

Die Begegnung mit anderen Menschen stellt also die Lösung dar. Und das Zusammentreffen kann überall und jederzeit stattfinden. Die ehemaligen Freunde, die man selten oder gar nicht mehr trifft, haben sich von uns oder wir uns von ihnen entfernt. Auch hier können wir eine neue Nähe erreichen und Gedanken offen austauschen, Fehler bekennen und neue Chancen wie Sektkorken knallen lassen.

Aber so weit sind wir leider noch nicht. Die Lust am „Untergang"des Mitmenschen, die Gier danach, dass es vielen schlechter geht als uns, will uns nicht loslassen. Alle suchen Wege, aber kaum jemand kennt das Ziel. Wie sollen wir die Wege finden, wenn wir nicht genau wissen, was wir am besten können, wohin wir gehen wollen und wo wir hingehören?!

Wir können
die Menschen nicht verändern.
Wir können aber
verändert mit ihnen umgehen.
Und das beginnt
in unserem Denken über die Menschen.

Kommunikation beginnt immer bei unserer Energie, bei der inneren Einstellung zu unseren Gesprächspartnern. Jeder Mensch hat das Recht auf seine Sichtweise der Dinge, auf seine Art, mit Themen, Zielen und Kommunikation umzugehen. Und vielleicht liegen in gerade dieser Vielfalt der Begegnungen mit „einmaligen"Individuen viele Chancen, die wir bisher nicht erkannt haben und somit auch nicht zu nutzen verstanden haben.

Niemand von uns ist perfekt oder wird es jemals werden. Sprechen wir mit vielen Menschen, bauen wir uns ein Kommunikations-Netz auf, um aus jedem Gespräch dazuzulernen und den chemischen Prozess dieses einzigartigen Kontaktes als Erfolg für beide zu betrachten.

Interview

Horst-Sven Berger

Horst-Sven Berger machte sich nach 12 Jahren in der Werbewelt 1978 selbständig. 1982 startete er mit der EKS-Umsetzung (Engpass-konzentrierte Strategie) und entwickelte 1985 das **Nachfrage-Sog-System**. Über 10.000 Seminarteilnehmer haben sich seither mit dem erfolgreichen Auftragsbeschaffungs-System beschäftigt.

Für mich wurde Host-Sven Berger zu einem wirklichen Geschäftsfreund. Unser Wort gilt. Wir geben uns Empfehlungen und auch spontan vertrauliche Informationen, können laut miteinander denken. Hier für Sie ein paar Umsetzungskriterien aus dem Nachfrage-Sog-System:

Herr Berger, was kann man sich unter dem „Nachfrage-Sog-System" vorstellen?

Das Nachfrage-Sog-System ist eine seit 15 Jahren bewährte Methode, die den klassischen EKS-Bereich „Nachfrage" behandelt und sich mit Marketing, Werbung, Vertrieb, Verkaufsförderung und Kundenbindung beschäftigt. Die drei Hauptphasen dieser ganzheitlichen Methode sind:

1. Kontakt- und Vertrauens-Aufbau bei der ausgewählten Zielgruppe bis zum ersten Gesprächstermin

2. Persönliche Beratung bis zum positiven Abschluss. Der Kunde sucht unter drei Vorschlägen die für ihn wertvollste und nützlichste Version heraus.

3. Steigerung der Kunden-Bindung bis zur Kunden-Begeisterung durch Beziehungs-Pflege. Folgeaufträge aktualisieren und vertiefen die Kundenbindung. Über Empfehlungen bekommt man vom zufriedenen Kunden Adressen, die als neue Kunden gewonnen werden.

So mancher Unternehmer ist müde geworden. Der ewige Kampf um neue Aufträge bei minimalen Gewinnspannen kostet eine Menge Energie. Und die Konkurrenz schläft nicht, sondern mischt kräftig mit. Viele Unternehmer fragen sich: „Wie soll das weitergehen? Wir können einfach nicht noch billiger anbieten!“ – Und genau das ist der völlig falsche Ansatz. Stellen Sie sich einmal vor, im Markt entstünde ein Sog für Ihr Produkt oder Ihre Dienstleistung …

Dies setzt natürlich voraus, dass Sie sich in irgendeinem Punkt gravierend von den Mitbewerbern unterscheiden. Dies wird nur möglich durch eine konsequente Kunden-Orientierung, die Vertrauen zum Kunden aufbaut. Damit verringert sich dann der Wettbewerbsvergleich, und dies führt nachweislich zu mehr Aufträgen und vor allem zu besseren Erträgen und einer kontinuierlichen Auftragsauslastung. – „Das klingt ja alles ganz gut“, werden Sie jetzt vielleicht denken, „aber wie komme ich dahin?“

Preise ohne Leistungsgegenüberstellung sagen nichts aus

Preise waren für viele und sind für einige heute noch das Entscheidungskriterium Nr. 1 beim Einkauf. Damit verdichtet sich der gesamte Marketing-Mix auf die Preisentscheidung. Die Folge ist oft ein engstirniges Kostendenken. Deshalb konzentrieren sich so viele Manager auf die Kostenseite und starten damit eine Negativ-Spirale. Kein Service mehr, keine Innovationen und keine Kundenbefragungen mehr, da ja doch nur noch der Preis entscheidet.

Auf der anderen Seite werden in den Unternehmen die Preise auf der Basis von Fingerspitzengefühl, Faustregeln, subjektiver Meinung oder dogmatisch durch den jeweiligen Verantwortlichen bestimmt. Gewinneinbußen und strategische Fehler sind die Folge. Oft werden Gewinne regelrecht verschenkt. Befragungen im Markenartikel-Bereich zeigen seit Jahren: Nur ca. 35% der Käufer entscheiden sich ausschließlich über den Preis. Der überwiegende Teil (65%) entscheidet sich nach Leistung und Nutzen. Deshalb trainieren wir heute die Erkenntnis:

**„Wer den Preis nicht akzeptiert,
hat die Leistung nicht kapiert
und wird von der Konkurrenz kassiert!“**

In der Tat entscheidet heute der Kunde den Preis selbst mit dem gewünschten Leistungsumfang. Wir als Anbieter müssen unsere Leistung gegenüber dem Kunden besser darstellen:

Kreativer Mehrwertverkauf durch Kunden-Orientierung

Die heutige Empfehlung, statt Produkte zu verkaufen, auf die Kundenwünsche einzugehen, ist richtig und wirksamer. Aber was wünschen sich die Kunden bei Dienstleistungen mit hoher Qualität? Auch hier bestätigt eine aktuelle Untersuchung unsere jahrelangen Beobachtungen:

1. **Verständlichkeit**
   bei Beratung und Leistungsdarstellung

2. **Eingehen auf Kundenwünsche**
   durch professionelle Bedarfsermittlung

3. **Auswahl aus Kundensicht**
   aufgrund von 3 Vorschlägen

Der mündige Kunde möchte mehrere Vorschläge vergleichen und „seinen“ auswählen dürfen. Deshalb empfehlen wir, bei Privat- und Gewerbekunden keine herkömmlichen Angebote mehr abzugeben, sondern jeweils drei Vorschläge zu unterbreiten.

Herr Berger, können Sie kurz die Drei-Vorschläge-Methode beschreiben?

Die Drei-Vorschläge-Methode ist ein wichtiger Bestandteil des Nachfrage-Sog-Systems. Am häufigsten wird sie in der Abschluss-Phase angewendet. Die Idee: Am Schluss steht nicht nur ein einziges Angebot zur Diskussion, was zum JA oder zum NEIN führt. Es werden drei Vorschläge als sinnvolle Alternativen gegenübergestellt. Die sparsame, die normale und die optimale Ausführung. Erfahrungsgemäß wird bei der Drei-Vorschläge-Methode am seltensten die sparsame „billigste“ Version gekauft.

Die „Drei-Vorschläge-Methode“fordert am Anfang mehr Arbeit (aber nicht die 3 fache). Wir werden kreativ gefordert. Später kostet die „3-Vorschläge-Methode“weniger Zeit und durch ständigen Know-how-Zuwachs weniger Aufwand. Der Beweis ist die steigende Erfolgsrate bei abgegebenen und präsentierten Vorschlägen (z.B. 10 Kalkulationen mit 7 bis 8 Aufträgen).

Wie bei jedem kybernetischen Prozess werden die „Macher“nicht nur durch mehr gewonnene Aufträge belohnt, sondern erzielen zusätzlich noch einen persönlichen Nutzen. Bei ständiger Anwendung der Methode wird Ihr Gehirn kreativer, auch für Problemlösungs-Aufgaben in anderen Gebieten.

Kundenorientierung muss von den Inhabern und Führungskräften nachvollziehbar vorgelebt werden. Die reine Wissensvermittlung reicht dabei nicht aus. Es müssen Verhaltensänderungen erreicht werden. Kreative Konzepte mit positiven Sog-Effekten (ohne Druck) sind wirksame Verstärker für jede Form der Veränderung.

Das Nachfrage-Sog-System besteht aus vielen Bausteinen wie der Drei-Vorschläge-Methode. Alle Bausteine erzeugen Kunden-Zufriedenheit und entwickeln diese bis zur Kunden-Begeisterung weiter. Diese Begeisterung ist die Basis für das Empfehlungs-Management.

Interview

Hans-Günter Berner und Gabriele Berner

Hans-Günter Berner hat es geschafft, seine Idee zum Lebenswerk zu gestalten. Seine Produkte und Dienstleistungen zur Nahrungsergänzung helfen vielen Menschen dabei, etwas für ihre Gesundheit zu tun. Mich hat brennend interessiert, wie dieser große Erfolg möglich wurde.

R. Arndt: **Herr Berner, welche Grundidee steht hinter Ihrem erfolgreichen Geschäftsweg für und mit Menschen?**

H.-G. Berner: Die Grundidee ist ganz einfach erklärt. Lebensmittelforscher schlagen Alarm, dass pflanzliche Nahrungsmittel heute weit weniger Vitalstoffe als früher enthalten. Da nun nicht jeder Mensch die doppelte Menge an Obst und Gemüse täglich essen kann, ergänzen wir durch biologische Produkte diesen Vitalstoff-Engpass.

Ein gesunder Organismus basiert auf dem Zusammenwirken unzähliger einzelner Zellen. Und erst die gesunde Ernährung aller dieser Körperzellen schafft die Voraussetzung für einen gesunden Körper. Dafür stehen unsere Cellagon-Produkte. Und in diesem „ganzheitlichen“ Ansatz sehen wir auch unsere Berater: eigenständige, selbstverantwortlich handelnde Menschen, die sich einem gemeinsamen Ziel verschrieben haben und die in ihrer Gesamtheit den Erfolg des Unternehmens tragen.

Unsere Geschäftsidee in Kurzform:

Gut geschulte und hochmotivierte Berater vertreten einzigartige Produkte und Dienstleistungen. Sie bauen auf ehrliche und professionelle Weise persönliche und dauerhafte Kunden-Beziehungen auf.

Bei uns ist das kein Griff nach den Sternen, sondern tägliche Realität.

Selbstverständlich erreichen wir dies nur durch ein gutes Schulungs- und Seminar-System auf beiden Ebenen: Fach-Kompetenz und Persönlichkeits-Kompetenz.

Von Anfang an haben wir uns gleichzeitig für den Umweltaspekt eingesetzt, indem wir unsere Produkte als Konzentrat herstellen und vertreiben. Wir sind also nicht nur gegen die „Innenweltverschmutzung“, sondern auch gegen die „Umweltverschmutzung“. Allein 1997 konnten wir dadurch auf ca. 3,6 Millionen Flaschen verzichten. Das spart Rohstoff, Energie, Transportkosten – und Müllberge.

Für diese Idee sowie die konsequente Umsetzung in unserem Unternehmen hat mir das Bundesumwelt-Ministerium 1999 den B.A.U.M.-Umweltpreis verliehen. Darauf bin ich sehr stolz. Das motiviert zu weiteren Erfolgen.

Gabriele Berner, Ehefrau von Hans-Günter Berner und Vollblut-Unternehmerin, berichtet im Interview über das Erfolgs-System, im Dienst von Gesundheit und Vitalität:

1. Frau Berner, welche Rolle spielt für Sie die Beziehung eines Menschen zu sich selbst?

Eine ganz wichtige Rolle. Wenn ich kein Selbstvertrauen besitze und nicht an mich glaube, kann ich auch meine Visionen und Ziele nicht erfolgreich umsetzen. Wie das Wort Selbstvertrauen schon sagt: Vertrauen in mich selbst ist wichtig. Besitze ich das eigene Vertrauen, so wage ich mich auch an immer größere Herausforderungen und erklimme damit Stufe für Stufe meiner eigenen Erfolgs-Treppe. Somit kann ich auch Vorbild für andere sein.

2. Welche Bedeutung hat die private Partnerschaft Ihrer Meinung nach für die beruflichen Erfolge eines Menschen?

Lebe ich in meiner Partnerschaft in Harmonie, so verleiht mir dieses harmonische Miteinander ungemeine Kräfte in meinem Beruf. Ich kann alle Dinge und Entscheidungen mit meinem Partner besprechen und mir dadurch Sicherheit und Stärke holen, was sich wiederum beruflich auswirkt.

3. Wie bauen Sie eine gute Beziehung zu Ihren Mitarbeitern auf?

Durch intensiven Kontakt, offene Gespräche, tatkrätige Unterstützung wie Schulungen, Vorträge und indem ich mit gutem Beispiel zeige, wie ein kundenorientierter Vertrieb aufgebaut und erhalten wird.

4. Was tun Sie und Ihre Mitarbeiter für erfolgreiche Kunden-Beziehungen?

Zuhören, zuhören, zuhören! Ich versuche, mich in die Situation des Kunden zu versetzen und zu erfahren, welche Wünsche und Bedürfnisse er hat. Intensiver Kontakt ist entscheidend, um ein Vertrauensverhältnis aufzubauen und zu erhalten. Das kann über Mailings erfolgen, doch das Telefon oder die persönliche Betreuung sind die entscheidenden Werkzeuge.

Der Kunde wird über Veränderungen unserer Produkte, neue Forschungsergebnisse etc. fortlaufend informiert, so dass das Vertrauen in das Produkt sowie in die Firma erhalten und gestärkt wird.

5. Wo sehen Sie die Herausforderungen für Gegenwart und Zukunft im Bereich Beziehungs-Management?

Hier möchte ich unterscheiden zwischen dem Beziehungs-Management und zwar:

1. Unternehmensführung – Berater

2. Berater – Kunde

3. Berater – Berater

Zu 1.:

Hier kommt es darauf an, die Zielsetzung der Unternehmensführung und der einzelnen Berater so weit wie möglich in Übereinstimmung zu bringen. Wichtig dabei ist, dass für Unternehmen und Berater das Nutzendenken für den Verbraucher erste Priorität hat. Dadurch wird es gelingen, bei unseren Partnern eine positive Einstellung zu ihrer Tätigkeit zu vermitteln. Beruf soll von Berufung kommen und Freude bereiten.

Zu 2.:

Hier kommt es darauf an, dass der Berater erlebt, dass der intensive Kundenkontakt (nach Möglichkeit persönlich oder per Telefon) die entscheidende Voraussetzung für den geschäftlichen Erfolg darstellt. Hier bevorzuge ich ein „learning by doing“, d. h. praxisnahes Telefontraining, wie ich es in meinen Gruppen durchführe. Ziel des Kundenbeziehungs-Managements soll die Kette Kunde – Stammkunde – Sammelbesteller und Empfehler – und evtl. Berater sein.

Wenn es gelingt, diese Philosophie zum Leitmotiv unserer Geschäftspartner zu machen, so werden unsere Geschäftspartner durch persönliches Erleben mehr Freude am Beruf und außerdem persönlichen und finanziellen Erfolg verzeichnen.

Zu 3.:

Hierbei ist es entscheidend, dass die Berater untereinander kommunizieren, ihre Erfahrungen austauschen und sich gegenseitig unterstützen. Das ist die Grundlage für eine Gruppendynamik und das notwendige Zusammengehörigkeitsgefühl. Erst dann lässt sich bundesweit – ja weltweit ein funktionierendes Netzwerk aufbauen.

6. Wie werden Sie diese Herausforderungen/Chancen für sich persönlich und für Ihren Unternehmens-Erfolg nutzen?

Die Durchführung von Veranstaltungen überregionaler und regionaler, regelmäßiger Veranstaltungen, Schulungen und Seminare ist hier sehr nützlich, ebenso wie Teamleitertrainings, zur Förderung von Eigenverantwortlichkeit und Kreativität der mittleren Führungsebene mit dem Ziel, diese zum selbstständigen Arbeiten mit ihren Beratern und Beraterinnen zu befähigen.

Auch hier gilt für mich die Maxime des „learning by doing". Ich zeige meinen Kollegen auf, welche grandiosen Möglichkeiten machbar sind. Indem ich es ihnen vormache, bleibt es keine Utopie, sondern sie erleben mich in der Realität als ansprechbares und sichtbares Vorbild.

7. Welches ist Ihr Lieblings-Zitat zum Thema „Beziehungs-Management"?

Da gibt es zweierlei:

Was dem Schwarm nicht nützt,
das nützt auch der einzelnen Biene nicht.

Marc Aurel – röm. Kaiser

und

Wenn einer allein träumt,
bleibt es ein Traum.
Träumen wir alle gemeinsam,
wird es Wirklichkeit.

Dom Helder Camara

Interview

Hans-Jürgen Breß

Zur Person: Jahrgang 1954, Fachhochschulreife, Lehre als Schriftsetzer, Industriemeister Druck, Marketingausbildung, EKS Lehrgang 1982, Nachfrage-Sog-Anwender seit 1993, 20 Jahre selbstständiger Unternehmer, seit 1. Januar 2000 freier Unternehmensberater.

1. Welche Rolle spielt für Sie die Beziehung eines Menschen zu sich?

Schon die Römer wussten: mens sana in corpore sano (In einem gesunden Körper wohnt ein gesunder Geist)! Nur, wenn ein Mensch in Harmonie mit sich lebt, kann er ein guter, kreativer und leistungsfähiger Vorgesetzter oder Mitarbeiter sein.

2. Welche Bedeutung hat die private Partnerschaft Ihrer Meinung nach für die beruflichen Erfolge eines Menschen?

Es ist doch ganz klar, dass eine gute Freundschaft oder Ehe einen positiven Verstärker für den beruflichen Erfolg darstellt. Oder anders herum, berufliche Fehlschläge können sich sehr negativ auf die private Beziehung auswirken und umgekehrt.

3. Wie bauen Sie eine gute Beziehung zu Ihren Mitarbeitern auf?

Ehrlichkeit, persönliche Ansprache und Vertrauen sind die Grundvoraussetzungen, darüber hinaus erkenne ich gute Leistungen immer an.

4. Was tun Sie und Ihre Mitarbeiter für erfolgreiche Kunden-Beziehungen?

Wir üben uns in Ehrlichkeit und Offenheit (Preisklarheit/Preiswahrheit), persönlicher Ansprache, Vertrauen und bedingungslosem Einsatz für den Kunden, der auch an seinem Nutzen orientiert ist.

5. Wo sehen Sie die Herausforderungen für Gegenwart und Zukunft im Bereich Beziehungs-Management?

Wir stehen heute vor dem sechsten Kondratie-Zyklus (russ. Wissenschaftler). Die Werte für die Menschen werden sich in den nächsten Jahren völlig verändern. Sicherheit wird an allererster Stelle stehen. Dagegen werden die Anforderungen im Beruf sich auf die Nutzbarmachung von Wissen konzentrieren. Das heißt, Unternehmen und Mitarbeiter sind gefordert, Wissen zu entwickeln, es zu dokumentieren, auszutauschen und anzuwenden. Dazu gehört unabdingbar ein funktionierendes Beziehungsmanagement.

6. Wie werden Sie diese Herausforderungen/Chancen für sich persönlich und für Ihren Unternehmenserfolg nutzen?

Ich möchte zukünftig das beim Verkauf meines Unternehmens erworbene Wissen einsetzen, um Unternehmer zu beraten, ihre Nachfolge optimal zu regeln.

7. Welches sind Ihre Lieblings-Zitate zum Thema „Beziehungs-Management"?

Es geht nicht nebeneinander
und schon gar nicht gegeneinander,
es geht nur miteinander!

N.N.

Wer Disteln säht,
kann keinen Weizen ernten,
und wer mit dem Schwert kämpft,
kommt dadurch um.

N.N.

Interview

Günter Butter

Günter Butter hat bereits in einem Buch „Geschäftsfreundschaften“ die Leser mit einer klaren Botschaft bereichert: „Die Fähigkeit, sich in andere Menschen und ihre Zielsetzungen hineinzudenken, das bedeutet die Chance auf große Erfolge.“ Ich freue mich sehr, dass dieser vielbeschäftigte Direktionsleiter der DVAG (die weltweite Nr. 1 im Allfinanzbereich) auch in diesem Werk mit seiner Erfahrung und Vorgehensweise zum Thema Beziehungs-Management vertreten ist. Das Gespräch mit Günter Butter ist immer eine Bereicherung, weil er Spezialwissen, Menschenkenntnis und emotionale Kompetenz mit wunderbarem Humor anreichert, der die Herzen der Menschen erobert. So entstehen beruflich und privat erfolgreiche und langfristige Partnerschaften.

1. Welche Rolle spielt für Sie die Beziehung eines Menschen zu sich?

Wer andere für dumm, faul, hässlich hält oder in weiteren Bereichen negativ auf sie herabschaut, der spiegelt im Grunde all die Eigenschaften, die er an sich selbst nicht mag. Wer offen auf andere Menschen zugeht, sie so behandelt, wie sie sein könnten, der zeigt, dass er sich selbst mag. Dieser Mensch hat die besten Voraussetzungen, um mit anderen hervorragende Beziehungen aufzubauen.

2. Welche Bedeutung hat die private Partnerschaft Ihrer Meinung nach für die beruflichen Erfolge eines Menschen?

Nur der kann dauerhaft erfolgreich im Beruf sein, der auch im privaten Bereich Erfolg verursacht. Die Prinzipien des Erfolges sind beruflich wie privat die gleichen. Ich muss wissen, was ich erreichen will. Ich muss daran glauben, dass ich es schaffe. Ich muss täglich daran arbeiten, dass ich es realisiere.

3. Wie bauen Sie eine gute Beziehung zu Ihren Mitarbeitern auf?

Ich versuche, mich in die Rolle des anderen zu versetzen, bevor ich mit ihm kommuniziere. Dadurch führe ich jedes Gespräch zweiseitig, aus seiner und aus meiner Blickrichtung. So werden Gespräche viel interessanter und sind für beide Gesprächspartner ebenfalls ergebnisorientierter.

4. Was tun Sie und Ihre Mitarbeiter für erfolgreiche Kunden-Beziehungen?

Wir versuchen, möglichst 7 mal im Jahr Kontakt zu unseren Kunden zu halten. Wir schreiben ihm, schicken ihm unser Magazin, rufen ihn an. Es ist die Fortsetzung des Erstkontaktes, in dem es nicht reicht, den Kunden nur zufrieden zu stellen. Unsere Aufgabe ist es, unsere Begeisterung für diesen wunderbaren Beruf auf den Kunden zu übertragen.

5. Wo sehen Sie Herausforderungen für Gegenwart und Zukunft im Bereich Beziehungsmanagement?

Es geht darum, den einzelnen Menschen in den Mittelpunkt zu stellen und ihm ein echter Dialogpartner zu sein. Das bedeutet, dass wir mit unserem Gespräch dazu beitragen, dass der andere sich seiner eigenen Ziele und Wünsche noch bewusster wird. Dann ist der nächste Schritt, ihm zu helfen, den Glauben an die Machbarkeit zu stärken. Erst jetzt unterbeiten wir ihm ein konkretes Konzept, was er genau tun kann, welche Entscheidungen für seine finanzielle Zukunftsplanung von ihm zu treffen sind. Die Menschen brauchen unsere Beratung, auch um die Vielfalt der Angebote besser verstehen zu können.

6. Wie werden Sie diese Herausforderungen/Chancen für sich persönlich und für Ihren Unternehmenserfolg nutzen?

Gerade im Zeitalter von Internet, Chatlines, UMTS und vielem anderen Nützlichen wissen wir, dass wir Menschen andere Menschen brauchen, um glücklich zu sein. Die größte Herausforderung liegt für mich darin, dieses auch täglich in der Berufswelt mit Leben zu erfüllen. Wo einige Unternehmen immer häufiger versuchen, den Menschen durch Technik zu ersetzen, da sind wir mit unserer Leistung präsent. Wir reichen dadurch unseren Kunden die Hand in eine gemeinsam erfolgreiche Zukunft.

7. Welches ist Ihr Lieblings-Zitat zum Thema „Beziehungs-Management"?

Der Kunde muss zurückkommen,
nicht das Produkt.

N.N.

Interview

Nikolaus B. Enkelmann

Nikolaus B. Enkelmann aus Königstein kenne ich nun seit 12 Jahren. Wir haben gemeinsam Videos produziert, Mediapakete veröffentlicht und eine wunderbare Art der erfolgreichen Kommunikation entwickelt. Herr Enkelmann hat meine Stärken im Trainings-Bereich entdeckt. Sein Seminar „Rhetorik“war für mich einer der wichtigen Erfolgsfaktoren. Ich freue mich ganz besonders, dass er mir dieses Interview für mein Buch gegeben hat.

R. Arndt: **Herr Enkelmann, welche Rolle spielt für Sie die Beziehung des Menschen zu sich?**

N. B. Enkelmann: Es ist sehr wichtig, Herr Arndt, dass Sie in Ihrem neuen Buch über „Beziehungsmanagement“ den Schwerpunkt auf zwischenmenschliche Beziehungen legen. Wir unterschätzen zu sehr die Bedeutung der zwischenmenschlichen Beziehungen.

Es überrascht uns immer wieder, dass die meisten Menschen glauben, sie werden erfolgreich und glücklich durch fachliche Qualifikation. Wie oft sagen viele Menschen: „Im Mittelpunkt meines Denkens steht der Mensch“ – aber im täglichen Leben sind sie Erbsenzähler. Sie interessieren sich für die Details, nicht für Menschen.

Alle Probleme sind zwischenmenschliche Probleme. Also muss ein Mensch, der erfolgreich sein will, erkennen, dass wir im Leben nur zwei Probleme zu lösen haben: *MIT UNS UND MIT ANDEREN RICHTIG UMZUGEHEN!*

Wer gelernt hat, mit sich richtig umzugehen, hat auch unbewusst gelernt, mit anderen richtig umzugehen. Ein Mensch, der an sich glaubt, kann auch an seine Partner und Mitarbeiter glauben. Ein Mensch, der kein Vertrauen zu sich hat, wird auch kein Vertrauen zu anderen haben. Anders gesagt: Wer mit sich nicht zufrieden ist, der wird auch mit seinem Partner niemals zufrieden sein.

Herr Arndt, wie andere mit uns umgehen, das können wir in der Regel nicht bestimmen. Aber wie wir mit uns selbst umgehen, wie wir uns selbst behandeln, das können wir jeden Tag und jede Stunde selbst entscheiden. Die positive Einstellung zu sich selbst ist also das wichtigste Fundament, um auch erfolgreich mit anderen umzugehen.

R. Arndt: **Welche Bedeutung hat die private Partnerschaft Ihrer Meinung nach für die beruflichen Erfolge eines Menschen?**

N. B. Enkelmann: Privater Erfolg ist genauso wichtig wie beruflicher Erfolg! Die Regeln des Erfolges sind in beiden Bereichen immer die gleichen. Ob im Privaten, im Beruflichen oder in der Politik – man kann den Menschen nicht trennen in einen beruflichen und einen privaten Menschen. Das sind die beiden Seiten unserer Persönlichkeit, genauso wie bei einer Münze.

Unser berufliches Leben beeinflusst unser privates Leben, und das private Leben wird immer das berufliche Leben beeinflussen. Wenn ein Mensch beruflich Misserfolge hat, nimmt er diese negativen Gefühle mit in sein Privatleben und selbst im Traum beschäftigt er sich mit den negativen Erlebnissen. Je erfolgreicher ein Partner in einem Bereich ist, um so mehr hat er im anderen Bereich zu geben. Hat ein Mensch private „Tiefschläge“, so kann er nicht am Morgen seinen besten Anzug anziehen und im Beruf sein Bestes geben. Streit, Missverständnisse und Trennungen sind Energiekiller und berauben uns der Kräfte, die wir brauchen, um erfolgreich im Beruf zu bestehen. Wer „schlecht drauf“ist, kann sein Charisma nicht nutzen. Das Leben ist und bleibt eine Einheit.

Wir wissen heute, dass siebzig bis achtzig Prozent aller Krankheiten aus der seelischen Verfassung entstehen. Nichts kränkt die Seele eines Menschen mehr, als Misserfolge. Eine glückliche Ehe ist daher genauso stärkend für unser Selbstvertrauen wie die großen und kleinen beruflichen Erfolgserlebnisse. Je mehr wir von beidem haben, um so besser geht es uns und all jenen Menschen, mit denen wir zu tun haben. Jedoch brauchen wir positive Momente in beiden Lebensbereichen. Leider konzentrieren sich die meisten Menschen nur auf einen Bereich und sind ganz überrascht, wenn irgendwann beide Bereiche darunter leiden. Aus diesem Grunde müssen wir lernen, beide Lebensbereiche zu harmonisieren.

Eine starke Partnerschaft ist daher die stärkste Motivation für große berufliche Erfolge. Es ist ein Tabu unter deutschen Managern über ihre Partnerschaft zu sprechen, geschweige denn, diese bewusst zu gestalten. Doch es ist inzwischen bekannt, dass viele Menschen privat mehr Streß haben als beruflich.

R. Arndt: **Wie bauen Sie, Herr Enkelmann, eine gute Beziehung zu Ihren Mitarbeitern auf?**

N. B. Enkelmann: Fachliche Qualifikation ist gut und notwendig, positive Menschenführung spielt im Alltag jedoch die größere Rolle.

Vor kurzem besuchte ich einen sehr erfolgreichen Manager und fand auf seiner Schreibtischunterlage folgendes Zitat: *„WER AN SEINEN MITARBEITERN KEINE GUTEN EIGENSCHAFTEN FINDET, IST NUR ZU FAUL, DANACH ZU SUCHEN.“*

In diesem Betrieb herrschte – wie Sie sich denken können – ein ungewöhnlich gutes Betriebsklima. Hier kamen die Mitarbeiter gern zur Arbeit und gaben mit Freude ihr Bestes. Man freute sich über die gemeinsamen Erfolge.

Negatives Betriebsklima führt zu Millionenverlusten in der Wirtschaft. Angefangen von der inneren Kündigung bis zum hohen Krankheitsstand. Schon aus wirtschaftlichen Gründen sollte positive Motivation an erster Stelle stehen. Was ein Unternehmen vom anderen unterscheidet, sind nicht die Gebäude, nicht die Maschinen, nicht die Produkte, es ist der Geist der Mitarbeiter. Genau das ist es, was wir auch in unserem Unternehmen immer wieder beachten. Es sind die kleinen Gesten, die dem Mitarbeiter das Gefühl geben, wichtig zu sein und geschätzt zu werden. Das beginnt damit, dass ich meine Mitarbeiter am Morgen fröhlich begrüße und mich dafür interessiere, wie es ihnen geht. Wir sprechen dann über die wichtigen Aufgaben des Tages. Ich habe gelernt, nicht auf die Schwächen und Fehler zu achten, und das zahlt sich aus. Wenn mal etwas schief geht, dann suchen wir nach Lösungen und nicht nach Schuldigen. Jeder darf mal Fehler machen.

Wenn wir über Menschenkenntnis nachdenken, werden wir erkennen, dass es eine negative und eine positive Menschenkenntnis gibt. Viele Menschen haben die Fähigkeit entwickelt, die Fehler der Mitmenschen zu erkennen. Aus diesem negativen Ansatz werden zwangsläufig die zwischenmenschlichen Beziehungen immer negativer. Wenn ich in meinen Seminaren die Frage stelle, warum die Menschenkenntnis so wichtig ist, dann sind viele Teilnehmer zunächst erschrocken und antworten voller Überzeugung: „... damit wir so die Fehler und Schwächen erkennen können."

Sie können sich vorstellen, Herr Arndt, dass ich diese Problematik anders sehe. Natürlich hat jeder Mensch Schwächen und Fehler, das wird sich auch niemals ändern. Daher ist das Wichtigste die positive Menschenkenntnis. Nur wer die Stärken erkennt, kann die Stärken auch verstärken. Wir verdanken unsere Erfolge unseren Stärken und nicht unseren Schwächen! Wenn wir Mitarbeiter und Kunden haben, dann leben wir von deren Stärken, nicht von deren Fehlern und Schwächen.

Fehler zu entdecken, das ist keine Kunst und setzt wenig Intellekt voraus. Das Positive, Aufbauende zu entdecken benötigt viel mehr Mut und soziale Intelligenz. Aber die wollen die meisten nicht aufbringen. Wahrscheinlich, weil wir dazu neigen, uns sofort mit den anderen zu vergleichen und Angst vor diesem Vergleichsprozess haben.

Kennen Sie unsere vierzehn Grundgesetze der Lebensentfaltung? Diese Gesetze zeigen, wie wir das Leben gestalten und selbst schwierige Situationen meistern können. Viele meiner Freunde praktizieren seit vielen Jahren das elfte Grundgesetz der Lebensentfaltung mit wachsenden Erfolgen. Das elfte Grundgesetz lautet: *Beachtung bringt Verstärkung. Nichtbeachtung bringt Befreiung.*

Wenn Ihre Leser, Herr Arndt, diese Sätze einige Male konzentriert lesen, werden sie verstehen, und begreifen, dass sie ein wirkungsvolles Handwerkszeug besitzen. Denn alles, was sie beachten, verstärkt sich. Wenn ein Chef das Negative also beachtet, ist er für die Verstärkung negativer Tendenzen verantwortlich. Wer also die Fehler und Schwächen seiner Mitmenschen beachtet, verstärkt sie. Wenn ein Chef gelernt hat, das Positive zu beachten, tritt natürlich der gegenteilige Effekt ein. Dazu fehlt jedoch den meisten der Mut. Das Positive verstärkt sich, positive Tendenzen zeichnen sich sehr rasch ab, es entstehen wertvolle Aufwinde. So entsteht ein Klima in dem man neue, noch größere Erfolge verursachen kann.

Als Nebeneffekt ergibt sich eine gesteigerte Kontaktfähigkeit. Die Menschen gehen aus sich heraus und mit Freude der Welt und ihrer Zukunft entgegen.

R. Arndt: **Was tun Sie und Ihre Mitarbeiter für erfolgreiche Kunden-Beziehungen?**

N. B. Enkelmann: Sehr geehrter Herr Arndt, es hat keinen Zweck über die vielen Einzelheiten zu sprechen, zuerst muss die Basis, das Fundament und die Einstellung stimmen, die kleinen Schritte folgen dann zwangsläufig und automatisch. Sehr oft stelle ich Seminarteilnehmern die Frage: „Meine Damen und Herren, was ist wichtiger, der Kunde liebt Sie oder Sie lieben den Kunden?“ Spontan sagen viele Seminarteilnehmer, das Wichtigste ist: “Die Kunden lieben mich.“Diese Antwort ist falsch. Denn nur, wenn wir Wohlwollen ausstrahlen, werden wir Sympathie ernten.

Die Grundsatzfrage lautet: Lieben Sie Ihren Beruf? Liebe allein ist die Grundlage des positiven Denkens. Ein Mitarbeiter, der seinen Beruf liebt, erkennt spontan und intuitiv die positiven Möglichkeiten, und kann sie nutzen. Ein Mensch, der seinen Beruf hasst, erkennt automatisch alles Negative und Erschwerende, und er macht daher sich und anderen das Leben zusätzlich schwer. Liebe ist positive Energie, Liebe bringt alles zur Entfaltung, worauf sie gerichtet wird.

Mark Twain hat einmal gesagt: „Je mehr ein Mensch seinen Beruf liebt, umso mehr wird er verdienen.“ Seitdem ich dieses Zitat kenne, weiß ich, warum die meisten Menschen unter ihrem Existenzminimum leben.

Liebe ist die universelle Lebensenergie. Liebe erzeugt Freude und Begeisterung. Wir Deutschen sind so stolz auf unsere Hymne „Freude schöner Götterfunken“ von Beethoven. Wenn wir jemanden oder etwas lieben, dann wollen wir auch, dass es dem anderen gut geht. Also liegt unser Schwerpunkt darauf, unseren Kunden den größt möglichen Nutzen zu bieten. Denn der Kunde ist ein Mensch und denkt zunächst einmal an seinen Vorteil. Nur, wenn wir ihm den gewünschten Nutzen bringen, wird die Beziehung immer stärker. Im Interesse unserer Kunden geben wir seit über 20 Jahren das Magazin “Der erfolgreiche Weg“heraus. So bieten wir dem Kunden einen großen Nutzen und helfen unseren Lesern, noch erfolgreicher zu werden.

R. Arndt: **Wo sehen Sie die Herausforderung für Gegenwart und Zukunft im Bereich Beziehungs-Management?**

N. B. Enkelmann: Vor uns liegt ein atemberaubendes Abenteuer: unsere Zukunft. Mit einer rasanten Geschwindigkeit verändert sich unsere Gesellschaft, doch die Probleme der Menschen bleiben immer die gleichen. Nur, dass sich alles beschleunigt und wir nicht im Rausch der Geschwindigkeit untergehen dürfen. Von Karl R. Popper kennen wir das Zitat „Optimismus ist Pflicht“. Es gibt kein vorgefertigtes Schicksal, daher ist es die wichtigste Aufgabe des Menschen, seine positive Zukunft zu planen. Seine Zukunft zu planen, setzt aber Optimismus und den Mut zur Kreativität voraus. Was wir also in Zukunft benötigen, sind nicht Menschen, die alles besser wissen, sondern Menschen, die an den Menschen und an die Zukunft des Menschen glauben. Wir brauchen Führungspersönlichkeiten, die für etwas sind, die an eine Vision glauben. Aus dieser Zuversicht entsteht ein Glaube, der „Unmögliches“ möglich macht.

Um Beziehungen erfolgreich zu gestalten, brauchen wir eine gesteigerte Kontaktfähigkeit. Gerade in einer Gesellschaft, in der die meisten Beziehungen immer kurzlebiger werden, sehnt sich der einzelne nach Stabilität; nach Beziehungen, die Zuversicht einflößen und Mut machen. Die Menschen werden auch in Zukunft noch empfänglicher für alles, was ihr Urvertrauen aktiviert und stärkt.

Depressionen entstehen, weil der Optimismus fehlt, der Glaube daran, dass alles einen Sinn hat. Der fehlende Mut zum Glauben führt zu solchen Kontaktstörungen und lässt uns zweifeln. Doch wer zweifelt, kann sich nicht auf sein Ziel konzentrieren und überträgt seine Ängste und Bedenken auf seine Mitmenschen.

Wenn wir also unsere Beziehungen (im beruflichen sowie privaten Bereich) auch in Zukunft verbessern wollen, dann brauchen wir ein „Wofür“, müssen dem anderen einen Nutzen bieten und eine große Zuversicht übertragen. Die Masse der Menschen ist immer auf der Suche nach Menschen, denen sie folgen kann, daher wird in Zukunft die Führungspersönlichkeit noch viel wichtiger. Viele Führungskräfte haben das Wissen von Riesen, aber den Mut von Zwergen. Notwendiger als jemals zuvor ist der Mut, an eine positive Weiter- und Höherentwicklung zu glauben.

Niemals zuvor in ihrer Geschichte ging es den Menschen trotz aller Katastrophen besser als jetzt. Trotzdem hören wir überall Jammern und Wehklagen. Nie war positive Motivation so wertvoll wie heute, denn das Urvertrauen der Menschen ist zu schwach. Darin, Herr Arndt, liegt die Grundaufgabe meiner Lebensaufgabe seit über 35 Jahren: Menschen zu helfen, durch das Alpha-Training ihr Urvertrauen zu stärken und ihre Lebensaufgabe zu finden. Menschen zu motivieren, sich in einen positiven „Leader“ zu verwandeln, an den man glauben kann und dem man daher auch gerne folgt. Sie spüren, dass ich an die Macht und an die Bedeutung des Vorbildes glaube.

R. Arndt: **Wie werden Sie diese Herausforderungen /Chancen für sich persönlich und für Ihren Unternehmens-Erfolg nutzen?**

N. B. Enkelmann: Herman Kahn, der größte Futurologe der Welt, sagt in einem seiner Zukunftsbücher: „Die guten Jahre kommen erst.“ Die rasanten gesellschaftlichen Entwicklungen brauchen starke Persönlichkeiten. Unser Erfolgssystem hilft Menschen, stärker zu werden. Daher werden wir in Zukunft mehr gebraucht denn je.

Wir haben das Zeitalter der Vermassung verlassen, es beginnt das Zeitalter der *INDIVIDUALITÄT*. Nie zuvor hatte der Mensch mehr Freiheit und mehr Chancen. Aber Chancen findet nur der, der Chancen sucht. Niemals zuvor war die Freiheit, etwas zur Entfaltung seiner eigenen Persönlichkeit zu tun, so groß wie heute. Wir sollten den Artikel 2 unseres Grundgesetzes mit neuem Leben erfüllen: „Jeder hat das Recht zur freien Entfaltung seiner Persönlichkeit.“ Aber wie sieht die Situation aus? Immer mehr Menschen achten auf ihre Figur, auf eine gute Ernährung. Immer mehr Menschen tun etwas für ihren Körper und treiben Sport. Ich glaube daran, dass die Zeit reif ist, dass immer mehr Menschen etwas zur Entfaltung ihrer eigenen Persönlichkeit zu tun, denn in uns selbst liegen die größten Reserven und Chancen.

Daraus ergibt sich eine positive Evolution. Ist es nicht wunderbar, dass man auch das Gute noch weiter entwickeln kann. Der Mensch mit seinem ungeheuren Potential ist nicht am Ende, sondern steht erst am Anfang seiner Entwicklung. Ich bin glücklich, dass ich die Chance habe, noch viele Jahre Menschen zu motivieren, ihnen immer wieder zuzurufen:

Mach das Beste aus Dir und Deinem Leben!

R. Arndt: **Herr Enkelmann, welches ist Ihr Lieblings-Zitat zum Thema „Beziehungs-Management"?**

N. B. Enkelmann: Danke, Herr Arndt, das ist zum Abschluss eine wunderschöne Frage. Dieses Zitat lautet:

Wer nicht an Morgen glaubt, ist heute schon verloren

Eine tiefe Weisheit steckt in diesen Worten, denn wir brauchen unseren Glauben für das Gelingen unseres Lebens. Wer nicht an seine Beziehung glaubt, hat heute schon verloren.

Seit über 35 Jahren darf ich eine positive Lebensphilosophie verbreiten. Wie Sie wissen, bin ich beseelt von dieser Aufgabe. Ich hoffe, Sie haben es immer wieder bei allen Begegnungen gespürt, ich glaube an den Wert eines jeden einzelnen Menschen.

Wir benötigen für die Zukunft noch mehr starke, schöpferische Persönlichkeiten. Und da ich glaube, dass alles im Menschen angelegt ist, kommt es darauf an, dass es uns gelingt, durch eine positive Motivation diesen schöpferischen Funken immer stärker zum Leuchten zu bringen. Wenn wir wollen, dass unsere Erde auch für unsere Kinder ein Planet der Hoffnung bleibt, sollten wir uns voller Freude an die Arbeit machen.

Interview

Monika Jettkowski

Geboren und aufgewachsen ist sie in Dortmund. Dort besuchte Monika Jettkowski die Grund- und Realschule. Bereits mit knapp 16 Jahren stand sie bei der Tageszeitung „Ruhr-Nachrichten“als Auszubildende ihren „Mann“. Von vielen Bewerbern und Bewerberinnen hatte sich der Verleger für „die Kleine, die gern lacht“(O-Ton des Verlegers) entschieden.

Nach der Ausbildung in Verlag, Redaktion, Verwaltung und Produktion hat man sie gern in die lebendige Hauptgeschäftsstelle übernommen – doch sie wollte damals schon mehr. Also wurde schnell das Abitur nachgeholt.

„Ein betriebswirtschaftliches Studium wäre nicht schlecht“, meinte sie damals. Als eine von wenigen Frauen in der Männer-Domäne der Universität erhielt sie nach nur 6 Semestern ihr Diplom zur Diplom-Betriebswirtin.

„Zahlen und Bilanzen interessierten mich damals herzlich wenig“, sagt die heutige Unternehmerin. Sie entschied sich dann aber doch für den Job, in dem es um die Verwaltung von Kapitalanlagen und Anlage-Strategien eines Unternehmens in Westfalen ging.

Im Jahr 1980 übte die Stadt Baden-Baden aus persönlichen Gründen ihre Anziehungskraft aus. Monika Jettkowski wurde von dem damaligen Inhaber des Ki-Verlages, von Norbert F. Tessner für die Anzeigenabteilung der „Kosmetikerinnen-Fachzeitung“ engagiert. Sehr schnell ersetzte sie den ausscheidenden Verlagsleiter und wurde somit zur „rechten Hand“ des Verlegers.

Aus der Verlagsleiterin und rechten Hand wurde im Jahr 1989 die Unternehmerin. Durch ein klassisches Management-Buy-Out erwarb Monika Jettkowski – gemeinsam mit einer Partnerin – den Verlag und wurde Geschäftsführerin und Gesellschafterin.

Seit 1980 also begleitet Monika Jettkowski die Aktivitäten der internationalen Kosmetikbranche. Sie genießt das Vertrauen vieler Entscheider der Branche, hat Gesprächspartner zusammengebracht und Kooperationen und Zusammenschlüsse vorbereitet.

Der Verlag KOSMETIK international hat unter ihrer Leitung die führende Stellung im Bereich Fachmedien für Beauty-Profis ausgebaut.

Die bedeutenden Fachmessen COSMETICA Wiesbaden und COSMETICA Hannover wuchsen qualitativ und quantitativ durch den besonderen Einsatz des Teams. Im Juni 2000 konnte erstmals eine Kosmetik-Fachmesse COSMETICA in Leipzig (mit einem überragenden Erfolg) etabliert werden. Für das Jahr 2001 ist die erste COSMETICA Berlin projektiert. „Weitere Veranstaltungen werden folgen, denn wir machen nicht an den Grenzen von Deutschland halt.“

„Hier führe ich am liebsten Regie. Hier kann ich meine Lieblingsaufgabe im Beziehungsmanagement erfolgreich einsetzen.“

Im Jahr 2000 wurde ein weiteres Unternehmen gegründet: die KOSMETIK international Messe GmbH. Verlag und Messe-Gesellschaft arbeiten im gleichen Bürogebäude. Synergien im Know-how der Branche werden genutzt.

Inzwischen gehören 35 engagierte Mitarbeiter (vorwiegend Frauen) zum Team von KOSMETIK international Verlag und Messe GmbH. „Mit der Gründung der KOSMETIK international Messe GmbH zum Jahresbeginn erreichen wir ein wichtiges strategisches Ziel unserer Zukunftsplanung. Mit der Registrierung der Ki-Messe GmbH im Handelsregister Baden-Baden unter der Register-Nr. 2000 haben wir von Amts wegen einen Glücks-Bonus mit auf den Weg bekommen.

Heute interessieren mich selbstverständlich Bilanzen, weil ich die Verantwortung für ein motiviertes Team und 35 Arbeitsplätze trage ...“

Interview mit Monika Jettkowski, Geschäftsführerin von Kosmetik International:

1. Welche Rolle spielt für Sie die Beziehung eines Menschen zu sich?

Ausgehend von der Grundeinstellung „Du bist ok – ich bin ok“ ist die positive Grundeinstellung zu mir selbst einer der wichtigsten Faktoren für erfolgreiches Handeln und Wirken. Wenn man sich selbst nicht liebt, kann man auch andere nicht lieben. Dies gilt für Partner, Mitarbeiter und Kunden gleichermaßen.

2. Welche Bedeutung hat die private Partnerschaft Ihrer Meinung nach für die beruflichen Erfolge eines Menschen?

Die private Partnerschaft bietet meiner Meinung nach den notwendigen Energie-Austausch zwischen Menschen. Hierzu möchte ich keinesfalls die Ehe favorisieren. Ich halte eine „spannende Lebensgemeinschaft“für reizvoller. Es ist doch eine besondere Herausforderung, mit einem Partner ohne Trauschein – also ohne Versprechen – jahrzehntelang zu leben. Lebensabschnittsgefährten oder Patchwork-Familien werden zukünftig eine noch größere Rolle spielen. Die ethischen Grundlagen für die Dauer jeder Beziehung sind ein wichtiger Baustein für den beruflichen Erfolg eines Menschen.

3. Wie bauen Sie eine gute Beziehung zu Ihren Mitarbeitern auf?

Die Beziehung beginnt bei der Personenauswahl: Ich entscheide nicht nach den üblichen Kriterien, sondern sehe zunächst den Menschen, der beim Einstellungsgespräch vor mir sitzt. Klar, die fachliche Kompetenz für die ausgeschriebene Stelle muss stimmen. Ebenso wichtig ist jedoch die Entscheidung, ob ich mit „diesem Menschen“im Team gerne arbeiten möchte. Da das Team von KOSMETIK international Verlag und KOSMETIK international Messe GmbH derzeit aus 35 Mitarbeitern besteht (davon 33 Frauen) kann ich mir diesen Luxus noch leisten. In anderen Größenordnungen ist dies sicherlich undenkbar.

Zum Aufbau einer guten Beziehung gehören Offenheit, Ehrlichkeit, Herzlichkeit, Aufmerksamkeit, Freundlichkeit. Selbstverständlich ist eine faire Bezahlung. Ich frage jede/n Mitarbeiter/in bewusst „Was möchten Sie verdienen?“und gehe auf den Wunsch ein. Falls die Vorstellung nicht in unser faires Gehaltsschema passt, ist es nicht unser Mitarbeiter. Liegt der Wunsch unter unseren Vorstellungen, wird ihm nach der Probezeit das höhere Gehalt freiwillig angeboten.

„Ganz schön dumm", werden einige Arbeitgeber sagen. Wir leisten uns sogar den Motivationsfaktor „Erfolgsbeteiligung". Ohne vertraglichen Anspruch erhalten unsere Mitarbeiter eine Erfolgsbeteiligung aus dem Jahresabschluss. Ich könnte mir für diesen Betrag auch einen tollen Ferrari kaufen; es reizt mich jedoch nach wie vor mehr, die Freude der Mitarbeiter zu erleben (sie berichten dann über „endlich erfüllte Wünsche") und ihr Engagement im Bereich Kostenbewusstsein zu beobachten. Wir fördern bei unseren Mitarbeitern die erkannten Stärken und tolerieren die Schwächen.

4. Was tun Sie und Ihre Mitarbeiter für erfolgreiche Kunden-Beziehungen?

Die KOSMETIK international Messe GmbH ist Veranstalter der Fachmessen COSMETICA (in Wiesbaden, Hannover, Leipzig und Berlin). Unsere Anzeigen- Kunden sind dort Aussteller, unsere Leser der Fachzeitschriften „KOSMETIK international", „Parfümerie Journal" und „Hand & Nails" sind unsere Besucher, unsere Autoren sind Referenten - ein schlüssiges Konzept, sagt uns der Erfolg. Wir haben somit das Glück, unsere Kunden persönlich zu kennen, da wir uns auf fachlichem Terrain mehrmals jährlich begegnen. Woher kommt es, dass uns unsere Kunden eine besonders hohe Kompetenz, Freundlichkeit und ein sehr großes Engagement attestieren? Wir haben Freude an unserer Branche! Ich behaupte, dass der Ki-Verlag und die Ki-Messen nicht nur der Ort sind an dem man sein Geld verdient, sondern auch ein Stück „Lebensfreude" erfährt.

5. Wo sehen Sie Herausforderungen für Gegenwart und Zukunft im Bereich Beziehungsmanagement?

Im mittelständischen Business sucht man Vertrauen und zuverlässige Partner. Da ist es von Vorteil, eine inhabergeführte Firma zu haben. Hier können auch mal rasche, auch emotionale Entscheidungen getroffen und vertreten werden.

Netzwerkpflege ist immer eine Herausforderung. Networking gibt es schon bei KOSMETIK international Verlag GmbH. Hier bekommt man frühzeitig zuverlässige Informationen; Vertraulichkeit ist obligatorisch. Moderation wird angeboten, wo sie gewünscht wird. So entstand ein Kundenkreis, den man schon als fachlichen Freundeskreis bezeichnen kann. Diesen Kreis gilt es zu pflegen und zu erweitern. Wichtig ist dabei, falschen Hoffnungen vorzubeugen und das gewonnene Vertrauen nicht zu enttäuschen.

Das ist die Gegenwart. Die Zukunft sieht im Grunde genommen nicht anders aus. Wenn einem die Fähigkeit, sich zu verändern nicht verloren geht, wenn diese Eigenschaft gar noch verbessert werden kann, hat diese Gegenwart auch Zukunft.

6. Wie werden Sie diese Herausforderungen/Chancen für sich persönlich und für Ihren Unternehmenserfolg nutzen?

Ich werde das Beziehungsmanagement zu meiner Haupt-Aufgabe machen. Dazu werde ich das umfangreiche Seminar-Angebot sichten und das Modell „Transaktionsanalyse"studieren. Unser Ki-Team hat die Möglichkeit, die gleiche Fortbildung zu genießen wie ich. Die finanziellen Mittel dafür werden zur Verfügung gestellt. Einzige Voraussetzung: Der Mitarbeiter ist interessiert und investiert seine Freizeit.

Wir werden auch zukünftig daran arbeiten, dass unser Unternehmen in der Medienbranche den höchsten Anforderungen entspricht. Die positive Entwicklung wird weitergehen, die Pläne, die Energie und – ganz wichtig – die Motivation dazu sind vorhanden.

Zwei Männer, umgeben von einer 33-Frauen-Power, das scheint das richtige Rezept für unsere Branche zu sein. (Anmerkung: Kinder und Karriere schließen sich in meinem Unternehmen nicht aus!) Es fällt leicht, angesichts der Leistungs- und Steigerungsfähigkeit (jeden Tag ein bisschen besser) den Erfolg der letzten Jahre in die Zukunft fortzuschreiben. Selbstbewusst, aber mit Respekt vor der Aufgabe.

Wir sind sicher, dass unsere Unternehmenskultur und -grundsätze von den MitarbeiterInnen getragen werden. Ziel aller ist es, dass wir uns von niemandem überbieten lassen. Das ist die Kraftquelle, aus der alle schöpfen. Unsere qualitativen und quantitativen Ziele sind gesteckt und strukturiert. Doch jede Aufgabe eines Plans hat seine tägliche Prüfung zu bestehen. Das gilt im Kleinen wie im Großen. Unser Motto lautet: Jeden Tag in Revision gehen und dort ändern, wo es nötig ist.

7. Welches sind Ihre Lieblings-Erfolgs-Zitate?

Erfolg heißt: Oft und viel lachen;
die Achtung intelligenter Menschen
und die Zuneigung von Kindern gewinnen;
die Anerkennung aufrichtiger Kritiker verdienen
und den Verrat falscher Freunde ertragen;
Schönheit bewundern, in anderen das Beste finden;
die Welt ein wenig besser verlassen, als wir sie betreten haben.

Ralph Waldo Emerson

Glück ist das einzige,
das sich verdoppelt,
wenn man es teilt.

N.N.

Interview

Reiner Kreutzmann

Reiner Kreutzmann ist ein sehr erfolgreicher Unternehmer. Als Inhaber und Geschäftsführer der Firma Schönherr Bindesysteme in Seevetal bietet er über Produkte und Dienstleistungen seinen Kunden an, sich selbst oder sein Unternehmen im Markt wirkungsvoller zu präsentieren. Mit Ideenreichtum und einer optimalen Team-Kultur nutzt Reiner Kreutzmann seine Chancen, indem er ebenfalls auf Kooperation setzt. Seine Präsentations-Tipps, ein kostenloser Ideen-Brief für erfolgreiche Präsentation und effektive Organisation, steht nur für ein Beispiel, wie er Kunden durch einen Nutzen ans Unternehmen bindet und Kooperationspartnern wie auch Kunden eine Bühne für das Vorstellen herausragender Leistungen bietet.

1. Welche Rolle spielt für Sie die Beziehung eines Menschen zu sich?

Die Beziehung eines Menschen zu sich ist die Grund-Vorraussetzung seines Beziehungs-Managements zu seiner Außenwelt, denn ohne diese ist er nicht in der Lage, Beziehungen zu anderen Menschen optimal aufzubauen und auch zu führen.

Es ist das Gesetz der Polarität: wie innen so außen! Um persönliche Spitzen-Leistungen zu erbringen, müssen wir wissen, wer wir sind und wie wir geprägt sind. Sich verstehen, mit all seinen Schwächen und Stärken, ist deshalb die Voraussetzung und der Selbst-Akzeptanz - und somit ein wesentlicher Baustein für das persönliche Glück und die Zufriedenheit!

2. Welche Bedeutung hat die private Partnerschaft Ihrer Meinung nach für die beruflichen Erfolge eines Menschen?

Einer der größten Erfolgs-Faktoren ist die Macht der Liebe.Das Gesetz der Liebe lautet: Lieben heißt nicht, den anderen behindern und beherrschen, sondern ihn auf seinem Wege begleiten!

Ein erfolgreicher Mensch braucht ein erfolgreiches und positives Umfeld, das bedeutet erfolgreiche Freunde und einen positiven Partner. Diese darf man auf dem Weg des Erfolgs niemals vergessen! Deshalb ist der Erfolg auch ohne eine harmonische und erfolgreiche Partnerschaft nicht möglich!

Der Erfolg und die positive Entwicklung eines Menschen benötigen, wie eine Pflanze, bestimmte Erfolgs-Faktoren in bestimmten Mindestmengen. Und zu diesen Erfolgs-Faktoren gehört auch eine harmonische Beziehung.

Fehlt einer dieser notwendigen Erfolgs-Faktoren, oder ist er in einem zu geringen Maße vorhanden, so begrenzt er die positive Entwicklung der restlichen Erfolgs-Faktoren, auch wenn diese in ausreichendem Maße vorhanden sind.

Dauerhafter Erfolg ist nur durch eine positive Grund-Einstellung möglich. Und nur durch eine positive Grund-Einstellung kommt man zu einem positiven, zielorientierten Lebens-Konzept sowie zu einer positiven Einstellung gegenüber anderen Menschen und der gesamten Umwelt.

Nur wo Harmonie ist, kann Größeres entspringen! Ein harmonisches, erfolgreiches und erfülltes Leben, mit dem positiven Wirken nach innen und nach außen, ist nur dann möglich, wenn man auch in einer harmonischen Umgebung lebt. (Das ist ein Natur-Gesetz!)

3. Wie bauen Sie eine gute Beziehung zu Ihren Mitarbeitern auf?

Geschäftlicher Erfolg wird erst durch hervorragende Mitarbeiter möglich, und deshalb sind meine Mitarbeiter auch meine Haupt-Zielgruppe! Nur wenn ich Ihnen ein einmaliges Arbeits-Umfeld bieten kann, bekomme ich auch die besten und fähigsten Mitarbeiter! Sie werden so eingesetzt, wie es ihren Begabungen, Talenten und Neigungen entspricht. Aus Betroffenen werden so Beteiligte gemacht.

Ich motiviere meine Mitarbeiter dadurch, daß ich ihnen mein Interesse an ihrem Gedeihen und ihrer persönlichen und beruflichen Entwicklung zeige. Dies setzt eine ständige Kommunikation voraus.

Bereits bei unserer Mitarbeiter-Auswahl achten wir sehr stark auf Persönlichkeiten mit viel Herz und Verstand, mit Engagement und Selbstbewusstsein, mit Weitsicht und positivem Menschenbild, mit ausgeprägtem Einfühlungs-Vermögen und starken kommunikativen Fähigkeiten. Dieses wird dann ständig durch unser Weiterbildungs-Konzept vertieft.

Außerdem bietet unser Unternehmen ein angenehmes Betriebs-Klima, übertarifliche Bezahlung, kostenfreies Mittagessen in der betriebseigenen Kantine, einen Sport-Zuschuss und vieles, vieles mehr ...

All das ist die Grund-Voraussetzung dafür, dass ich zu meinen Mitarbeitern eine gute Beziehung aufbauen kann. Im Klartext: Die Mitarbeiter sollen sich wohlfühlen! Denn nur in einem solchen Klima kann Kreativität entstehen!

4. Was tun Sie und Ihre Mitarbeiter für erfolgreiche Kunden-Beziehungen?

Wir haben uns auf die Kunden spezialisiert, die sich erfolgreich präsentieren wollen, denn es ist unmöglich, es allen Kunden recht zu machen. Wir sorgen dafür, daß unsere Kunden durch die wirkungsvollen Präsentationen selbst bessere Geschäfte machen. Denn wenn unsere Kunden erfolgreich sind, dann sind wir es zwangsläufig auch.

Eine konsequente Kunden-Orientierung erreichen wir durch kompetente Beratung sowie einen schnelleren und zuverlässigen Liefer-Service, um unsere Kunden zu begeistern. Für uns hört die Betreuung des Kunden nach dem Verkauf nicht auf, sondern beginnt dann erst!

Dass diese konsequente Kunden-Orientierung auch Tag für Tag gelebt wird, zeigen uns die vielen Briefe, die wir unaufgefordert von unseren Kunden erhalten. Darüber hinaus sind wir als Experten für professionelle Präsentationen auch immer bemüht, unseren Kunden eine Extra-Idee zu vermitteln. Dies geschieht z.B. durch unseren Ratgeber „Die Kunst, erfolgreicher zu präsentieren“ und durch unseren Kunden-Newsletter „Präsentations-Tipps“, der alle drei Monate erscheint. Diesen erhalten unsere Kunden kostenlos. (Übrigens auch kostenlos zum Downloaden aus dem Internet unter www.schoenherr.de.) Wir machen Kunden zu Partnern und zu Botschaftern, die unser Unternehmen durch Mund-zu-Mund-Marketing weiterempfehlen.

Das alles ist natürlich nur möglich, wenn gleichzeitig ein mitarbeiterfreundliches Beriebs-Klima herrscht. Ein wichtiger Baustein hierin ist allerdings unsere strenge Mitarbeiter-Auswahl („Nur die Besten haben bei uns eine Chance!") und eine systematische Mitarbeiter-Ausbildung.

In einem 100-Tage-Training werden neue Mitarbeiter optimal geschult. Sie erhalten Produkt- und Maschinen-Schulungen, EDV- Schulungen, Telefon-Trainings, erlernen Frage-Techniken und bekommen einen intensiven Einblick in unsere Firmen-Philosophie. Nach diesen 100 Tagen sind unsere Mitarbeiter zu kompetenten Fachkräften ausgebildet. Und erst dann haben sie auch den ersten Kontakt zu unseren Kunden.

Unser Marketing-Denken ist immer ein Beziehungs-Denken in Bezug auf unsere Kunden. Durch den direkten Draht zwischen unseren Kunden und „Schönherr" erreichen Wünsche oder Verbesserungs-Vorschläge sofort den richtigen Ansprech-Partner und werden in der Produkt-Entwicklung umgesetzt - ohne Informations-Verlust oder -Verzerrung. Der ständige Kontakt erlaubt ein schnelles Regieren auf Veränderungen im Markt und auf Trends.

5. Wo sehen Sie die Herausforderungen für Gegenwart und Zukunft im Bereich Beziehungs-Management?

Die größte Herausforderung besteht aus meiner Sicht darin, die Geschwindigkeit und das Volumen an Wissen und Informationen umzusetzen.Es gibt kein Beziehungs-Management ohne Wissens-Management. Wissens-Management fördert den ständigen Fluss neuer Erkenntnisse. Die Geschwindigkeit und das Volumen an Informationen und Wissen nimmt ständig zu. Und nur, wenn unser Wissen mit der gleichen Geschwindikeit wächst, wie das allgemeine Wissen in unserer Branche, können wir sicher sein, dass auch unsere Kompetenz weiter wächst.

6. Wie werden Sie diese Herausforderungen / Chancen für sich persönlich und für Ihren Unternehmens-Erfolg nutzen?

Unsere Antwort auf die Herausforderung „Wissen“ heißt: Lernen, lernen, lernen ... Denn wer *nicht* immer besser wird, hört bald auf, gut zu sein. Das Gesetz des Lernens besagt: Dauerhaften Erfolg hat nur, wer die Lern-Fähigkeit an die Änderungs-Fähigkeit anpasst. Also gleich schnell oder schneller lernen! Wir werden auch in Zukunft durch konsequente Optimierung und Innovation immer am Ball bleiben.

Die durch ein solches Lernen ermöglichten Verbesserungen der Fähigkeiten des Unternehmens ziehen nicht nur bessere Produkte und höhere Gewinne nach sich, sondern erhöhen auch die Fähigkeit des Unternehmens, sich den Veränderungen von außen schneller anpassen zu können. So ermöglicht die Fähigkeit, als Unternehmen zu lernen, auch die Bewältigung raschen Wandels.

Einer der wichtigsten Aufgaben für Unternehmen ist es deshalb, die Lern-Bereitschaft und Lern-Aktivität aller Mitarbeiter zu fördern! Es ist viel leichter, am Gewohnten festzuhalten als das Unbekannte zu erforschen. Doch nur durch die Ermutigung von Wandel und Experimenten können Unternehmen die notwendigen Anpassungs-Strategien realisieren und inmitten der heutigen Unsicherheit Wachstums-Erfolge erzielen.
Lern-Kultur heißt für uns vor allem „Mut“ machen, um sich auf Veränderungen einzulassen und die Neugier am Unbekannten zu wecken!

7. Welches ist Ihr Lieblings-Zitat zum Thema „Beziehungs-Management“?

Hier fällt mir ein Zitat von Johann Wolfgang von Goethe ein, der einmal sagte:

Willst du glücklich sein im Leben,
trage bei zu anderer Glück;
denn die Freude, die wir geben,
kehrt in's eigene Herz zurück!

Oder wie es Wolfgang Mewes, der Begründer der EKS-Strategie, einmal ausdrückte:

Willst du erfolgreich sein im Leben,
trage bei zu anderer Leute Erfolg,
denn der Nutzen, den wir geben,
kehrt (vervielfacht) zu uns selbst zurück!

Interview

Werner Tiki Küstenmacher

Wenn Sie sich der modernen Management-Literatur bedienen und häufig Bücher zu den Themen Selbst-Management und Persönlichkeit lesen, dann begegnen Ihnen immer wieder die wunderbaren Werke von Werner Tiki Küstenmacher. Entweder hat er die Bücher selbst geschrieben und illustriert, oder aber er verleiht durch seine enorme Begabung den Werken anderer Autoren mit seinen Zeichnungen und Grafiken eine besondere Wirksamkeit. Als wunderbares Beispiel gilt das Buch von Lothar J.Seiwert „Wenn Du es eilig hast, gehe langsam".

Werner Tiki Küstenmacher bringt mit wenigen Zeichenstrichen den Inhalt eines geschriebenen Gedankens visuell auf den Punkt. Der Leser versteht die Zusammenhänge nicht nur vom Intellekt her, sondern auch gefühlsmäßig. Ich bin sehr stolz, dass ich Ihnen als Leser in diesem Buch einige der bildhaften „Farbtupfer" (wenn auch in schwarz /weiß) von Werner Tiki Küstenmacher zur Vertiefung des Textes vorstellen darf.

Seien Sie gespannt auf das Interview mit dem Mann, der es immer wieder schafft, Menschen mit Einfachheit zu einem erfolgreichen Leben zu inspirieren. Sein persönlicher Beratungsdienst „Simplify your Life" hat ihn weit über die Grenzen Europas bekannt gemacht.

1. Welche Rolle spielt für Sie die Beziehung eines Menschen zu sich?

Am besten ist die Beziehung eines Menschen zu sich selbst zusammengefasst in dem berühmten Satz Jesu:"Liebe deinen Nächsten wie dich selbst." Ich bin 47 Jahre alt und habe gelernt, dass der Satz eine viel tiefere Weisheit enthält: den Ausgleich von Geben und Nehmen. In Bezug auf die Beziehung eines Menschen zu sich selbst heißt das: die eigenen Gaben annehmen; sich gut finden - dort, wo man wirklich gut ist; sich nicht belügen; dem Lob anderer Menschen vertrauen - aber sich davon auch nicht abhängig machen; notfalls schriftlich Buch führen über eigene Erfolge, damit einen nicht das ewige Nachdenken über Misserfolge beherrscht; auf das eigene Herz hören lernen.

2. Welche Bedeutung hat die private Partnerschaft Ihrer Meinung nach für die beruflichen Erfolge eines Menschen?

Der Ausgleich von Geben und Nehmen ist für mich auch das Geheimnis für eine gute Balance von Berufs- und Privatleben. Da habe ich viel von Günter F. Gross gelernt (Autor von „Beruflich Profi, privat Amateur?“). Die wichtigsten Punkte sind:

1. Gemeinsame Zeitplanung mit dem Ehepartner. Und zwar nicht nur was das Mitteilen von Terminen angeht. („Nächsten Freitag muss ich nach Hannover“), sondern partnerschaftliches Fragen: Bringt der Termin etwas für uns beide? Welche Priorität soll ich setzen? Bringt das unseren gemeinsamen Traum weiter? Berufsbedingter Ehestress ist fast immer darauf zurückzuführen, dass der eine Partner den anderen vor vollendete Tatsachen stellt und ihn nicht von vorneherein als Mitentscheider einbezogen hat.

2. Die Zeit mit meiner Frau ist meine am besten angelegte Lebenszeit. Ich werde auf dem Sterbebett (frei nach Covey) bestimmt nicht sagen: „Ich hätte weniger mit meiner Frau sprechen sollen.“ Ich würde für einen Kunden oder für meinen Chef niemals mein gesamtes privates Kapital einsetzen. Genauso halte ich es auch mit meiner Zeit.

3. Auf die Warnungen des Ehepartners hören. Auch wenn sie unbequem sind. Keiner kennt mich besser. Mein Problem ist das Nein-Sagen, aber niemand stärkt mir dabei besser den Rücken als meine Frau. Sie hilft mir entscheidend bei der Konzentration auf das Wesentliche. Mein Lieblingsmotto dazu: Die besten Unternehmer sind die besten Unterlasser.

4. Ich gestalte meine Arbeit so, dass sie mir Energie zuführt. Und mich nicht nur Kraft kostet. Der beruflich erfolgreiche Mann ist ja ein für die Frau attraktiver Mann, wenn er nicht total kaputt ist von seinem Job.

3. Wie bauen Sie eine gute Beziehung zu Ihren Mitarbeitern auf?

Die wichtigste Einsicht ist der Ausgleich von Geben und Nehmen. Zum Beispiel beim Vertrauen: Der Mitarbeiter vertraut darauf, dass der Chef Aufträge für die Firma bekommt und die Finanzen im Griff hat, und der Chef vertraut auf den Einsatz des Mitarbeiters. Ich versuche, Mitarbeitern so viel Eigenverantwortung wie möglich zu geben. Dazu brauchen sie vor allem alle Informationen. Ich sage nie nur „Schreiben Sie das ganz besonders sorgfältig", sondern erzähle offen, dass der Kunde schwierig ist und ein Rechtschreibefetischist, dass er aber sehr gut zahlt, usw. Dann arbeitet der Mitarbeiter aus eigener Einsicht, nicht nur auf Grund eines „Befehls". Ist eigentlich eine simple Sache, gegen die aber ziemlich häufig verstoßen wird.

4. Was tun Sie und Ihre Mitarbeiter für erfolgreiche Kunden-Beziehungen?

Hier ist unser Humor sehr wichtig. Wir haben das Motto: „Wer den Kunden zum Lächeln bringt, hat gewonnen." Das gilt intern bei den Beziehungen der Mitarbeiter untereinander, so wie wir eigentlich keine großen Unterschiede machen zwischen Mitarbeitern und Kunden. Es ist ja immer die gleiche Beziehung von Geben und Nehmen. Bei allen Beziehungen versuche ich, bis zum Menschen durchzukommen, nicht bei seiner Funktion, seinem Dienstgrad oder seinem Beruf stehen zu bleiben. Das ist manchmal ganz schön schwierig, aber es lohnt sich immer. Ich übe das ständig, etwa beim Einkaufen im Supermarkt. Ein Smalltalk mit der Kassiererin, bei dem ich sie als Menschen sehe und nicht nur als „die an der Kasse" bis sich ihre gestresste Miene aufhellt und sie in mir nicht nur den Kunden, sondern ebenfalls den Menschen sieht.

5. Wo sehen Sie die Herausforderungen für Gegenwart und Zukunft im Bereich Beziehungs-Management?
6. Wie werden Sie diese Herausforderungen/Chancen für sich persönlich und für Ihren Unternehmens-Erfolg nutzen?

Diese beiden Fragen möchte ich gerne gemeinsam beantworten, da sie meiner Meinung nach inhaltlich eng miteineinder verknüpft sind. In vielen Branchen läuft derzeit noch alles über den Preis: Die Kunden kaufen beim billigsten Anbieter. Aber ich spüre immer mehr, wie diese „billige" Logik an ihre Grenze kommt. In ein Geschäft, in dem ich unfreundlich behandelt werde, gehe ich nicht mehr, und wenn die Produkte dort noch so preiswert sind. Das ist ein Megatrend. Es wird darauf ankommen, Business in seiner Gesamtheit als Beziehung zu begreifen. Auch der Preis eines Produkts ist ja eine Beziehung, eine Maßeinheit für Geben und Nehmen. Ich bin Chefredakteur des Beratungsdienstes Simplify your Life, und das ist ein vergleichsweise hochpreisiges Produkt, denn es kostet knapp 15 DM pro Ausgabe. Aber wir haben sehr großen Erfolg damit, weil wir den Kunden zeigen konnten, dass wir ihr Geld dazu verwenden, um uns für sie optimal ins Zeug zu legen. Wir bieten nicht bedrucktes Papier, sondern eine Beziehung. Die Kunden können anrufen, schreiben, E-Mails senden, und sie erhalten immer eine Antwort. Dadurch kann ich beim Schreiben auf die Bedürfnisse meiner Kunden eingehen, was die Beziehung weiter verfestigt. Ein Leser hat mich einmal angerufen und gesagt, dass er eigentlich ein schlechtes Gewissen hat, nur 15 DM für eine so intensive Beziehung zu zahlen. Da habe ich gewusst: Wir liegen richtig.

7. Welches ist Ihr Lieblings-Zitat zum Thema „Beziehungs-Management"?

Es ist nicht schwer, den Kunden zu kennen. Er ist wie ich.

Das war für mich immer mein „Erfolgsgeheimnis" als Buchautor und Cartoonist. Ich habe immer Bücher gemacht, die ich mir selbst gerne kaufen würde. Ich habe mir vorgestellt, wie ich in einem Buchladen stehe, mein eigenes Buch zwischen anderen entdecke, es nehme, durchblättere und den Entschluss fasse, damit zur Kasse zu gehen. Solche Imaginationen haben mich immer weiter gebracht als alle möglichen Marktforschungen und Diskussionen am grünen Tisch.

Interview

Erich J. Lejeune

Top-Verkäufer sprechen über Ziele,
mittelmäßige über Probleme
und schlechte über Kollegen.

Verkaufen macht nur den reich,
der reich ist an Persönlichkeit.

Erich J. Lejeune

Erich J. Lejeune ist eine der agilsten und innovativsten Unternehmer-Persönlichkeiten Deutschlands. 1976 gründete er sein Unternehmen ce Consumer Electronic GmbH mit Sitz in München. Seine Konzeption, das Brokersystem in den Handel mit Mikrochips einzuführen, erwies sich als bahnbrechend und zukunftsweisend. Dieses System setzte sich im Chiphandel weltweit durch.

Die ce Consumer Electronic AG mit Erich J. Lejeune an der Spitze zählt zu den erfolgreichsten Brokerhäusern der Welt.

Erich J. Lejeune hat sich ebenfalls über die Grenzen des deutschsprachigen Raumes hinaus einen Namen als Starreferent und Motivationstrainer gemacht. Mit seinen auflagenstarken Büchern „Lebe ehrlich – werde reich“, „Du schaffst, was Du willst“ und „So verkaufen Sie sich reich“ hat er viele Menschen und Unternehmen mit Impulsen zu einem eigenen und positiven Lebensweg beflügelt:

„Als Mann, der auch den größten Mißerfolg kennt, den man im Leben erleiden kann, weiß ich um die Bedeutung von aufbauenden Beziehungen. Wir alle müssen noch mehr daran arbeiten, globale Beziehungs-Manager zu werden.

Geld und theoretisches Wissen sind zwar wichtig, werden aber erst durch innovative Zukunftspläne, durch Motivation und gute zwischenmenschliche Kommunikation und durch Visionen wirksam. Am besten gehen wir selbst aktiv von uns auf andere Menschen zu.

Die Gelegenheiten beschränken sich keinesfalls auf Menschen, die wir bereits kennen. Ich zum Beispiel habe von Kind an sehr stark den Kontakt zu anderen Menschen gesucht – erst in meiner nächsten Umgebung und später auf Reisen, wo immer ich auch hinkam. Das ist bis heute eines meiner Erfolgsrezepte geblieben.

In der heutigen Zeit sind wir durch das Internet jeweils nur einen Mouseklick von Millionen von Menschen auf unserem Planeten entfernt. Oft provoziere ich die Zuhörer meiner Vorträge mit dem Gedanken: Wenn Sie auf Ihrer Visitenkarte noch keine E-Mail-Adresse stehen haben, dann sind Sie ein Auslaufmodell!

Wir brauchen echte Kundenbeziehungen, die von gegenseitigem Respekt getragen werden. Bei einer wirklichen Kunden-Beziehung stehen wir gemeinsam mit unserem Kunden auf Platz 1, reichen uns in Gedanken die Hand und lassen, wie nach einem Formel-1-Rennen, mental den Champagnerkorken knallen!!“

Hier nun Erich J. Lejeunes Antworten zu den sieben Interviewfragen:

1. Welche Rolle spielt für Sie die Beziehung eines Menschen zu sich?

Die entscheidende. Menschen, die zu sich nicht ehrlich sind, die sich ihre eigenen Schwächen und Fehler nicht eingestehen und zu ihnen stehen, werden niemals in der Lage sein, eine offene und vertrauensvolle Beziehung zu anderen Menschen aufzubauen.

2. Welche Bedeutung hat die private Partnerschaft Ihrer Meinung nach für die beruflichen Erfolge eines Menschen?

Es ist völlig klar, dass eine intakte private Beziehung ein wichtiger Faktor auch für den beruflichen Erfolg ist. Schwierigkeiten in der Partnerschaft führen zwangsläufig dazu, dass ein Teil des Denkens auch im Berufsleben blockiert ist und somit Kräfte bindet, die für die volle Entfaltung der Fähigkeiten nicht zur Verfügung stehen.

3. Wie bauen Sie eine gute Beziehung zu Ihren Mitarbeitern auf?

Das geschieht durch Offenheit, Ehrlichkeit und einen Vertrauensvorschuss.

4. Was tun Sie und Ihre Mitarbeiter für erfolgreiche Kunden-Beziehungen!

Wir versuchen vor allem, zu unseren Kunden ein Verhältnis aufzubauen, das über die rein geschäftlichen Beziehungen hinausgeht. Das heißt, wir vermitteln dem Kunden die Gewissheit, dass er für uns nicht nur als Auftraggeber von Interesse ist, sondern als Persönlichkeit, mit der wir gerne auch über andere Dinge als den nächsten Auftrag kommunizieren. Diese Art der Kontaktpflege haben wir von Anbeginn unseres Unternehmens praktiziert, und sie hat dazu geführt, dass aus vielen Kunden echte Freunde geworden sind.

5. Wo sehen Sie die Herausforderungen für Gegenwart und Zukunft im Bereich Beziehungs-Managemant?

Darin, immer daran zu denken, dass bei aller Weiterentwicklung der Kommunikationstechnologien das persönliche Gespräch der wichtigste Kontakt in der Beziehung zwischen Menschen bleibt und durch nichts ersetzt werden kann.

6. Wie werden Sie diese Herausforderungen /Chancen für sich persönlich und für Ihren Unternehmens- Erfolg nutzen?

Dass wir diese Regel – siehe zu 5. – auch in Zukunft beherrschen.

7. Welches ist Ihr Lieblings-Zitat zum Thema „Beziehungs-Management“?

Durch das Reden kommen die Leute zusammen.

Interview

Ulrike Lindner

Hier folgt ein Kurz-Interview zum Thema „Beziehungs-Management" mit Ulrike Lindner, einer Frau, die Telemarketing in ihrem eigenen Home-Office optimal umsetzt. Das heißt selbstverständlich, überwiegend allein zu arbeiten. Da kommt es auf eine besonders gute Pflege der Kontakte an.

1. Welche Rolle spielt für Sie die Beziehung eines Menschen zu sich selbst?

Eine grosse Rolle, denn wer sich selbst nicht akzeptiert, ist voller Misstrauen dem anderen gegenüber. Nur wer sich selbst kennt, kann andere Menschen kennenlernen.

2. Welche Bedeutung hat die private Partnerschaft Ihrer Meinung nach für die beruflichen Erfolge eines Menschen?

Das kann sehr unterschiedlich sein. Für die meisten Menschen ist sie der Treibstoff für den Erfolg. Eine weniger gute oder sogar schlechte Partnerschaft kann manche Menschen ebenso anspornen. Es soll ja beides geben. Meine persönliche Meinung ist, dass eine gute Partnerschaft die beste Motivation ist.

3. Wie bauen Sie eine gute Beziehung zu Ihren Mitarbeitern auf?

Eine Vertrauensbasis zu schaffen, Zuverlässigkeit, Menschlichkeit und Anerkennung spüren zu lassen, ist extrem wichtig. Vor allem aber sollte der Mitarbeiter sich uneingeschränkt engagieren dürfen, ohne Gefahr zu laufen, „fallengelassen zu werden", falls seine Leistung einmal nicht den Erwartungen entspricht.

4. Was tun Sie und Ihre Mitarbeiter für erfolgreiche Kunden-Beziehungen?

Dem Kunden zeigen, dass wir für ihn da sind, ihn ernst nehmen, Kritik und Bevormundungen vermeiden, ihm trotzdem klar machen, dass eine gute Kunden-Berater-Beziehung nur auf gegenseitigem Respekt beruhen kann, denn ein Geschäft ist nur dann ein gutes Geschäft, wenn beide Seiten etwas davon haben.

5. Wo sehen Sie die Herausforderungen für Gegenwart und Zukunft im Bereich Beziehungs-Management?

Die Herausforderungen werden auf keinen Fall kleiner werden, denn alles kann nicht über den PC und das Internet geregelt werden. Die Persönlichkeit des einzelnen muss weiterhin, vielleicht noch mehr, im Mittelpunkt stehen.

6. Wie werden Sie diese Herausforderungen / Chancen für sich persönlich und für Ihren Unternehmens-Erfolg nutzen?

Persönliche Weiterbildung, verbesserte Kunden- und auch Mitarbeiterpflege, ohne den Betreffenden „tot zu pflegen", werden immer wichtiger. Ziele und Wünsche werden wir immer auf dem neuesten Stand halten. Wir müssen ein Ohr für den Wandel der Wünsche haben und vermehrt auf die Qualität der Mitarbeiter und der Kunden achten.

7. Welches ist Ihr Lieblings-Zitat zum Thema Beziehungs-Management?

Wer die Herzen anderer gewinnen will, muss erst Herr über das eigene Selbst sein.

Wen Tse

Unser Herz, unser Gefühl, unser „Bauch", unsere Empfindungen sind also bedeutender als sämtliche Fakten. Selbst wenn es nur einige Stunden pro Tag gibt, in denen Sie mit Liebe und Begeisterung Ihre Aufgaben angehen, dann zählen Sie bereits zu den Menschen, die sich von niemandem einreden lassen, dass Arbeit bitter sein muß, ein Übel der Menschheit, als Bestrafung Gottes für das Vergehen von Adam und Eva ...

Wer hat uns eigentlich darauf programmiert, dass Arbeit in unserem Bewusstsein negativ herumgeistert? Im Mittelpunkt unseres Lebens steht der Mensch mit seiner Arbeitskraft, denn im Regelfall werden unsere finanziellen Einkünfte durch unsere Arbeitsleistung, sprich Lebensleistung bestimmt. Und da gibt es noch viel in unseren Köpfen neu zu programmieren, einzustellen und zurechtzurücken.

Interview

Cornelia Maak

Nachfolgend lernen Sie Cornelia Maak aus Hamburg kennen. Sie ist Heilpraktikerin aus Leidenschaft und Berufung. Sie genießt das große Glück, ihr Hobby zum Beruf gemacht zu haben. Hier sind ihre wichtigsten Gedanken zum Thema Beziehungs-Management für Sie:

1. Welche Rolle spielt für Sie die Beziehung eines Menschen zu sich?

Nur wer sich selbst liebt, ist in der Lage anderen Liebe zu geben. Die Beziehung zu sich selbst, ich würde es die innere Mitte nennen, die anspruchslose Akzeptanz der eigenen Person und das Wissen um die Richtigkeit des eigenen Weges, ist die Grundlage jeder positiven Interaktion nach außen. Es gibt in der östlichen Philosophie einen Begriff aus dem Tao „Wu wei", eine Art des Handelns durch Nicht-Eingreifen, Geschehen lassen, damit die eigenen Fähigkeiten, die eigenen Stärken sich frei entwickeln können. Nur der, der das ausstrahlt, was er wirklich in seinem tiefsten Inneren ist, hat Erfolg mit dem, was er tut. Ein liebevoller Umgang mit sich selbst ist die Grundlage für Gesundheit und ein zufriedenes Leben.

2. Welche Bedeutung hat die private Partnerschaft Ihrer Meinung nach für die beruflichen Erfolge eines Menschen?

In meine Praxis kommen in der Regel Menschen, bei denen sich über Jahre hinweg eine Krankheit entwickelt hat. In über 70 % steht hinter dieser Erkrankung eine nichterfüllte oder fehlende Partnerschaft. Ich glaube, uns wurde über eine lange Zeit ein falsches Bild einer Partnerschaft zwischen Mann und Frau und der Familie überhaupt vermittelt. Ich nenne es das Bild der „glücklichen Rama-Frühstücksfamilie“, in der alles harmonisch, problemlos und sonnig abläuft. In unserer Erziehung wurde uns nicht gesagt, dass Harmonie zwischen Partnern auch die respektvolle Auseinandersetzung mit den emotionalen Problemen einer Beziehung beinhaltet, auch das Recht, wütend (aber nie verletzend) zu sein.

Da der größte Teil meiner Patienten weiblich ist und meist älter als sechzig Jahre, kann ich feststellen, dass viele Frauen sich vor der Auseinandersetzung scheuen, aus Angst vor der Reaktion des Partners. Leider führt diese Art der Konfliktlösung zu einer Auto-Aggression, die sich oft in Auto-Immunkrankheiten zeigt.

Mit Aggression nach innen oder nach außen kann man keinen Erfolg erzielen. Weder im Beruf noch im Umgang mit anderen Menschen.

Leider ist es so, dass uns die Konflikte mit den Menschen, mit denen wir am engsten emotional verbunden sind (unsere Partner, unsere Kinder) am meisten belasten und oft unser berufliches Handeln beeinflussen. Eine Partnerschaft sollte sein wie ein Ineinandergreifen von Zahnrädern. Der Arbeitstag, der auf einen Abend folgt, an dem viel gestritten wurde, sieht bestimmt anders aus, als der nach einer liebevollen Nacht. Hier schließt sich der Kreis. Nur ein Mensch, der seine eigene innere Zufriedenheit erreicht hat, ist in der Lage eine gleichberechtigte und glückliche Partnerschaft zu führen, aus der die Kraft für die Aufgaben im Alltag und im Beruf entsteht.

3. Wie bauen Sie eine gute Beziehung zu Ihren Mitarbeitern und Kollegen auf?

Die gute Beziehung zu meinen Mitarbeitern und meiner Kollegin ist die Grundlage meines Praxiserfolges. Uns Menschen ist gerade im Zustand einer Erkrankung das Gespür und die Sensibilität für zwischenmenschliche Situationen gegeben. Wenn der Mitarbeiter die Patienten bereits mit einem „miesepetrigen“Gesicht empfängt, ist oft schon der Grundstein für deren Stimmung gelegt. Für mich ist es wichtig, den Mitarbeiter als individuelle Persönlichkeit zu respektieren, mit all seinen Befindlichkeiten, Stärken und Schwächen. Gerade diese Kenntnis ist für mich wichtig, um die vorhandenen Stärken zu nutzen und zu fördern und sicherlich auch bei bestehenden Konflikten einen klärenden Dialog zu führen.

Wir haben oft als Kind ein Muster gelernt: „Nur wenn du es so machst, wie es mir gefällt – dann hat Mami dich lieb.“ Schwächen werden deshalb oft maskiert, damit wir gut aussehen und keine Kritik erzeugen. So entstehen Fehler. Ich praktiziere in meiner Praxis das kameradschaftliche Miteinander, jedoch mit der Anerkennung bestimmter Grenzen.

4. Was tun Ihre Mitarbeiter und Sie für die Zufriedenheit Ihrer Patienten?

Ich stelle mir in meinem Praxisbetrieb oft die Frage: „ Wie würdest du dich jetzt in der Haut deines Patienten fühlen?“ Das bestimmt in erster Linie den Umgang mit meinen Patienten. Genauso wichtig ist es, dass der Patient von einem Ambiente empfangen wird, das durch die Räume, die Einrichtung und auch die Farben sowie durch frische Blumen eine offene und herzliche Atmosphäre ausstrahlt.

Für mich sind Restaurants, in denen Kunstblumen, eine traurige angewelkte Nelke oder zerschlissene Speisekarten den ersten Eindruck vermitteln, kein Ort an dem ich mich mit Herzlichkeit willkommen fühle. Für mich hat Priorität, dass meine Patienten sich angenommen, ernstgenommen und behütet fühlen. Ich muss mich an den Wünschen meiner Patienten orientieren und nicht, wie es häufig der Fall ist, dass der Patient sich dem Diktat der Organisationsform einer Praxis beugen muss. Nur dann hat eine Therapie die Möglichkeit auf gute Ergebnisse.

Die Tasse Tee, das Gespräch über das persönliche Leben und die inneren Nöte und Zwänge und natürlich auch ein bisschen Leichtigkeit in Form eines „Späßchens“ sind mein Rezept für zufriedene Patienten und für mich die beste Weiterempfehlung.

5. Wo sehen Sie die Herausforderungen für Gegenwart und Zukunft im Bereich Beziehungs-Managment?

Für die erfolgreiche Behandlung meiner Patienten kann es keine Standard-Rezeptur geben. Ein erfolgreiches Beziehungs-Management sehe ich in erster Linie darin, den momentanen Zustand meines Gegenübers, seine individuellen Bedürfnisse und die Bereitschaft für eine spezielle Therapie zu erkennen. Es ist nicht möglich, erfolgreich in meiner Arbeit zu sein, wenn ich meinen Patienten eine Behandlung vorschlage, die in ihrem derzeitigen Zustand eine außergewöhnliche Belastung bedeutet. Ich möchte dem Partner ein maßgeschneidertes Konzept anbieten. In jedem Fall ist es wichtig, dass ich meine Kompetenz auch ausstrahle und dadurch das Vertrauen gewinne.

6. Wie werden Sie diese Herausforderungen/Chancen für sich persönlich und Ihren Unternehmenserfolg nutzen?

Um die Herausforderungen einer individuellen Behandlung mit der notwendigen Aufmerksamkeit und Zeit (für jeden Patienten) zu einem Erfolg für meine Praxis zu machen, besteht für mich die Priorität in einer inneren Ausgeglichenheit. Diese kann ich nur erreichen, wenn zwischen der aufgewendeten Zeit für meine Arbeit und den Dingen, die mir in meiner Freizeit Freude bereiten und einen Ausgleich bringen, die richtige Relation besteht. Die Kraft für meinen Beruf erhalte ich aus einer erfüllten Partnerschaft und der Zeit für meine Musen. Und der Erfolg in meiner Praxis gibt mir die Ruhe und Zufriedenheit in der Familie.

7. Welches ist Ihr Lieblings-Zitat zum Thema „Beziehungs-Management"?

Mein Lieblingszitat stammt von dem Philosophen Adorno:

Geliebt wirst Du einzig dort,
wo Du Schwächen zeigen kannst,
ohne Stärke zu produzieren.

Interview

Dr. Michael Pietsch

Eine Unternehmens-Philosophie

Der Geschäftsführer des Unternehmens Pietsch, Dr. Michael Pietsch, hat im Team dafür gesorgt, dass Unternehmens-Philosophie den Führungskräften und Mitarbeitern auch häufig begegnet. An vielen Stellen im Unternehmen kann man die Inhalte auf großen Tafeln lesen und wird somit ständig daran erinnert, wie wertvoll der gemeinsame Arbeitsprozess angelegt ist.

Dr. Michael Pietsch:

Unsere Unternehmens-Philosophie bewegt sich zwischen zwei Polen. Diese Pole sind unsere grundlegenden Merkmale:

Menschliche Reife und fachliche Professionalität

Auf diesen Merkmalen baut unser Erfolg auf. Der Doppelpunkt in unserem Logo (:pietsch) steht für diese zwei Merkmale. Sie sind seit jeher zentrale Werte unseres Unternehmens. Wir erklären hier, was wir darunter verstehen. Unsere Philosophie dient uns zur Orientierung und als Maßstab für unser Verhalten. Wir messen daran und lassen uns daran messen.

Menschliche Reife bedeutet für uns:

„Begegne jedem so, wie Du möchtest,
dass er Dir begegnet."

Wir sind Anderem und Neuem gegenüber aufgeschlossen. Jeder, ob als Mitarbeiter, Kunde oder in anderer Funktion, ist bei uns willkommen. Wir mögen keine vorgehaltenen Hände. Weil es keiner mag, wenn über ihn „geredet" wird. Wir sind darauf angewiesen, offen miteinander zu reden. Nur so lassen sich Schwachpunkte erkennen und im Sinne aller verbessern. Dazu gehört, dass wir fähig sind, berechtigte Kritik zu formulieren und auch anzunehmen. Dazu gehört aber auch, verantwortungsvoll mit Informationen umzugehen. Wir sind offen.

Wir verurteilen niemanden, der einen Fehler macht. Wir haben den Mut, zu unseren Fehlern zu stehen, aber auch den Willen, aus ihnen zu lernen. Wir sind nicht nachtragend. Auch in Bezug auf die eigene Selbst-Einschätzung bedeutet uns Ehrlichkeit viel. Sich selbst ehrlich einzuschätzen ist die beste Voraussetzung, um von anderen richtig eingeschätzt zu werden. Wir sind ehrlich.

Unbequeme Zeitgenossen bleiben uns nicht erspart. Aber das ist für uns kein Grund, ebenfalls unbequem zu werden. Wir versuchen, den anderen als Kollegen, Kunden oder Lieferanten immer ernst zu nehmen und fair zu behandeln. Auch uns mag mancher nicht mögen, weil die Nase nicht am rechten Fleck sitzt. Zeigen wir also, dass wir zumindest das Herz dort haben. Wir sind fair.

Auf uns kann man sich verlassen. Sowohl untereinander als auch gegenüber dem Kunden ist Verlässlichkeit die Voraussetzung für Vertrauen. Vertrauen ist die Basis unserer Beziehungen zueinander. Deshalb tun wir alles, das einmal Versprochene zu halten, und deshalb versprechen wir nie etwas, was wir wissentlich nicht halten können. Wir sind verlässlich.

Fachliche Professionalität zeigt sich für uns in der vorbildlichen Erfüllung der drei Bereiche

Kundenbeziehung,
Information und
Qualität.

Wir sprechen bewusst von Kunden-Beziehung. Damit zeigen wir einerseits, dass der Kunde bei uns nicht nur geschäftlich, sondern auch menschlich eine Rolle spielt. Andererseits, dass uns eine langfristige und haltbare Kunden-Bindung wichtiger ist als das einmalige schnelle Geschäft.

Informationen sind das Lebens-Elixier eines Unternehmens. Ohne Information funktioniert nichts. Ein Zuviel an Information schafft jedoch Verwirrung und raubt kostbare Zeit. Wir haben uns zum Ziel gesetzt, mit Informationen zielgerichtet und verantwortungsbewusst umzugehen.

Qualität ist das Hauptmerkmal unserer Geschäftstätigkeit. Unter Qualität verstehen wir das ständige Bestreben, auch den höchsten Ansprüchen gerecht zu werden. Für unser Tagesgeschäft heißt das, dem Kunden Dienstleistungen und Produkte sowie eine Ausstellung auf höchstem Niveau zu bieten.

Was wir sagen, das meinen wir auch. Wir sind berechenbar, weil wir unsere Verhaltensweisen an einer gemeinsamen Grundlage orientieren. Wir wollen nicht nur ein gutes Bild von uns geben, sondern die in uns gesetzten Erwartungen auf der ganzen Linie im Sinne dieser Unternehmens-Philosophie erfüllen. Das verbindet uns, macht uns unverwechselbar und stark. So können wir eine gemeinsame Zukunft meistern. Wir sind konsequent.

Unsere Unternehmens-Philosophie mit den beiden Polen – menschliche Reife und fachliche Professionalität – soll uns auch in der Zukunft als Orientierung für unser Handeln dienen!

Besonders freue ich mich, dass ich gerade in letzter Zeit sehr oft auf das freundliche Auftreten und Verhalten unserer Mitarbeiter angesprochen wurde. Dies hinterlässt bei unseren Kunden und Besuchern einen bleibenden Eindruck!

Da auch für uns das häufig von Konzernen verwendete Schlagwort der Konzentration auf Kernkompetenzen gilt, werden wir notwendige Schritte ergreifen, um uns auf einen härteren Wettbewerb einzustellen. Die Konzentration auf Kernkompetenzen bedeutet für uns in NRW und Sachsen regional von einem Zentrallager aus zu wachsen und unseren „Heimatmarkt“ durch Kundenbindung zu verdichten. Dabei stehen die Erhöhung des regionalen Marktanteils und die Verbesserung der Produktivität im Vordergrund unserer Unternehmens-Strategie, als leistungsstarkes Inhaber-geführtes Familien-Unternehmen, in Abgrenzung zu den Konzern-Unternehmen.

Als Unternehmens-Gruppe Pietsch sind wir bundesweit ein starker Partner für das Handwerk und für die Industrie. Damit wir unsere Position in der Zukunft behalten und ausbauen können, werden wir weiter mit unseren Mitarbeitern unsere Stärken am Markt in den Vordergrund stellen.

Interview

Carina Quast

Frau Carina Quast ist seit über 10 Jahren im PR-Business aktiv. Die Mitinhaberin der PR-Agentur „MM-PR“ in Marktredwitz hat sich als PR-Beraterin speziell im Bereich Management u.a. für namhafte Seminaranbieter und Unternehmenberater bundesweit einen Namen gemacht. Seit zwei Jahren arbeitet sie ebenfalls für bekannte Trainer und Berater als Ghostwriterin.

Die meisten PR-Artikel über ROLAND ARNDT Unternehmens-Kultur wurden von Frau Quast besonders professionell und originell zur Veröffentlichung gebracht. Was sagt sie zum Thema „Beziehungs- Management“:

1. Welche Rolle spielt für Sie die Beziehung eines Menschen zu sich?

Das ist für mich die wichtigste Beziehung überhaupt. Nur, wer mit sich selbst „im Reinen“ ist, kann auch zu anderen Menschen eine gute Beziehung aufbauen. Nur, wer selbst Spaß am Leben hat und sich liebt, ist fähig, mit anderen Menschen gemeinsam etwas aufzubauen und auch daran Spaß zu haben – und letztendlich auch wieder geliebt zu werden. Ob nun für erfolgreiches Beziehungs-Management im beruflichen Bereich oder im Privatleben – die gute Beziehung des Menschen zu sich ist die wesentliche Voraussetzung!

2. Welche Bedeutung hat die private Partnerschaft Ihrer Meinung nach für die beruflichen Erfolge eines Menschen?

Eine funktionierende private Partnerschaft ist für mich Ruhepol und Kraftquelle zugleich. Was auch immer beruflich geschieht, ich habe jemanden, der mir vertraut genug ist, alles im Detail zu besprechen. Ob es nun darum geht, einfach mal jemandem sein Herz auszuschütten oder strategisch entscheidende Faktoren für die berufliche Entwicklung festzulegen, in einer stabilen privaten Partnerschaft gibt es einfach jemanden, mit dem man über all diese Dinge sprechen, auf Verständnis und guten Rat hoffen kann.

3. Wie bauen Sie eine gute Beziehung zu Ihren Mitarbeitern auf?

Mit Respekt und dem Wissen um gegenseitiges Vertrauen, dass wir nur gemeinsam dahin gekommen sind, wo wir heute stehen und auch das Potential für einen weiterhin gemeinsamen erfolgreichen Weg haben. Konkret höre ich meinen Mitarbeitern, wenn es die Zeit erlaubt, einfach mal etwas zu und bin auch gerne über deren gesamtes Umfeld informiert. Schließlich, und da sind wir wieder beim letzten Punkt, spiegelt sich nur allzu oft das private Leben auch in der beruflichen Leistungsfähigkeit wider. Und wenn jemand gerade privaten Stress hat, ist er meistens auch nicht in der Lage, sich beruflich hundertprozentig einzusetzen.

Alles in allem, habe ich zu meinen Mitarbeitern ein sehr offenes und vertrauensvolles Verhältnis, d.h. bei uns steht keiner mit der Uhr und prüft, wie lange jemand bei seinem Mittagessen sitzt. Solange jemand das ihm übergebene Aufgabengebiet selbstständig und erfolgreich erledigt, hat er bei uns alle Freiheiten der Welt und meine ganze Unterstützung.

4. Was tun Sie und Ihre Mitarbeiter für erfolgreiche Kunden-Beziehungen?

Meine Mitarbeiter wissen, dass unser oberstes Gebot ist, für den Kunden auch unmögliche Dinge möglich zu machen. Und wenn dieser eben ganz kurzfristig noch dringend einen PR-Text benötigt, dann wird dies realisiert. Diese Einstellung zu einer guten Kunden-Beziehung haben wir wohl besonders von unseren anderen Kunden, wie ich sie immer nenne, den Journalisten gelernt. Denn auch die benötigen, wenn sie anrufen, entsprechende Infos am liebsten schon vorgestern. Aber alle in unserem Hause wissen eben, dass wir nur im Dreigespann – Unternehmen/PR-Agentur/Medien – eine erfolgreiche PR-Arbeit leisten können.

5. Wo sehen Sie die Herausforderungen für Gegenwart und Zukunft im Bereich Beziehungs-Management?

Ich denke, dass wir uns zukünftig noch mehr auf die Kommunikation, in welcher Form auch immer, konzentrieren müssen. Denn nur über eine erfolgreiche Kommunikation kann heute und auch in Zukunft Beziehungs-Management funktionieren. Eine Herausforderung in diesem Zusammenhang ist sicher die Technik. Ich kann mir gut vorstellen, dass bei allen Möglichkeiten, die Computer bieten, der menschliche Faktor immer wichtiger wird.

Ob persönliches Gespräch oder die Stimme am Telefon – ausschlaggebend ist, eine Beziehung so zu gestalten, dass ich mit meinen Gesprächspartnern auch einmal über Nicht-Geschäftliches sprechen kann. Oder ich merke, wenn es meinem Gegenüber heute einmal nicht so gut geht, dass ich ihn aufbauen könnte – das ist es doch, was eine Beziehung ehrlich und lohnenswert macht. Herauszutreten aus der anonymen Masse und mehr voneinander zu wissen, als dass man miteinander Geschäfte tätigt.

6. Wie werden Sie diese Herausforderungen / Chancen für sich persönlich und für Ihren Unternehmens-Erfolg nutzen?

Indem wir, wie schon jetzt, nicht das Geschäft im Vordergrund sehen, sondern die Möglichkeiten, die sich miteinander ergeben. In unserem Bereich ist es eben nicht so, wie beim Bäcker: Da stehe ich morgens an der Theke und kaufe 5 Brötchen für DM 1,75. Im Dienstleistungssektor muss ich bereit sein, etwas mehr zu geben, ohne gleich jede Mark in Rechnung zu stellen. Ich sehe das zukünftig noch verstärkt: Denn, wenn wir es schaffen, einem Kunden Außergewöhnliches zu bieten, ist er meistens auch bereit, etwas (Außergewöhnliches) zurückzugeben. Ob dies nun in Form einer guten Zusammenarbeit stattfindet oder sogar, indem er uns weiterempfiehlt. Es geht also in Zukunft immer weiter weg von der Abgrenzung Unternehmen/Kunde, hin zu einem wirklich erfolgreichen Beziehungs-Management, in dem diese Grenzen immer fließender werden. Kunden werden zu Lieferanten und Anbieter zu Abnehmern – und alle haben gemeinsam unendliche Erfolgsmöglichkeiten und auch Spaß dabei.

7. Welches ist Ihr Lieblings-Zitat zum Thema „Beziehungs-Management"?

Der Schlüssel zum Erfolg sind nicht Informationen.
Es sind Menschen.

Lee Iacocca

Interview

Michael Rossmann

Michael Rossmann ist Direktionsleiter für die DEUTSCHE VERMÖGENSBERATUNG AG mit Büro in Bensheim und setzt seine Begabung, mit Menschen erfolgreich umzugehen, in der Allfinanzbranche um. Die tägliche Herausforderung heißt Beratung, die dem Kunden hilft, seine eigenen Ziele und Wünsche schneller, und vor allem sicher, zu erreichen. Und es geht um Mitarbeiter einer neuen Berater-Qualität, die den Kunden in den Mittelpunkt stellt und langfristige Beziehungen aufbaut. Michael Rossman hat vielen Menschen geholfen, die richtige Karriere einzuschlagen und persönliche Erfolge zu realisieren. Lesen Sie seine Gedanken zu meinen Impulsen:

1. Welche Rolle spielt für Sie die Beziehung eines Menschen zu sich?

Meine Beziehung zu mir ist sehr motivierend. Meinen Mitarbeitern helfe ich, zu erkennen, dass sie selbst bestimmte Entscheidungen treffen müssen, um gewünschte Ergebnisse zu erzielen. Diese Entscheidung kann ihnen niemand abnehmen. Man kann sich beraten, z. B. mit dem Lebenspartner oder einem guten Freund. Aber dann kommt der Zeitpunkt, an dem der Weg konkret einzuschlagen ist. Das geht nur mit einem guten Gefühl für sich. Und wenn ich für mich ein gutes Gefühl empfinde, spüren auch andere Menschen das. Und das tut dem Aufbau jeder Beziehung, ob privat oder beruflich, einfach gut.

2. Welche Bedeutung hat die private Partnerschaft Ihrer Meinung nach für die beruflichen Erfolge eines Menschen?

Eine harmonische Partnerschaft erleichtert sicherlich den Weg zu angestrebten beruflichen Erfolgen. Eine der wichtigsten Voraussetzungen sind die gemeinsam definierten Ziele. Nur, wenn beide Partner sich über den gemeinsamen Weg im Klaren sind, können sie sich gegenseitig unterstützen, motivieren, berufliche Tiefen meistern und auch die Erfolge gemeinsam genießen. Durch die Vernetzung der privaten mit der beruflichen Partnerschaft ergeben sich weitere Ressourcen der Gemeinsamkeit.

3. Wie bauen Sie eine gute Beziehung zu Ihren Mitarbeitern und Kollegen auf?

Grundvoraussetzung für gute Mitarbeiter-Beziehungen sind Ehrlichkeit, Offenheit, Fairness und die ungeteilte Aufmerksamkeit während eines Gespräches. Wer in der Lage ist, seinem Gegenüber das ehrliche Gefühl zu vermitteln, dass er im Augenblick des Gespräches der wichtigste Mensch ist, hat den idealen Nährboden für eine dauerhafte Beziehung gesät. Und darauf kann kontinuierlich aufgebaut werden.

4. Was tun Sie und Ihre Mitarbeiter für erfolgreiche Kunden-Beziehungen?

Wir behandeln unsere Kunden so, wie wir selbst behandelt werden möchten, wenn wir in der jeweiligen Kundensituation wären: excellenter Service, absolute Zuverlässigkeit, jedes Anliegen des Kunden wichtig nehmen, ehrlich miteinander umgehen ... – wir bemühen uns ständig, für unsere Kunden „Auffallend Angenehm Anders Als Alle Anderen“ zu sein!

5. Wo sehen Sie die Herausfoderungen für Gegenwart und Zukunft im Bereich Beziehungs-Management?

Wir leben in einem technisierten Zeitalter. Anonymität und Isolation des einzelnen sind zum oft unerwünschten Alltag geworden. Die Fähigkeit, offen und mit positiver Neugier auf einen Mitmenschen zuzugehen, ist bei vielen „eingerostet“, doch der Wunsch nach zwischenmenschlicher Beziehung bleibt. Daraus ergeben sich für heute und in Zukunft die Chancen, sich für die Menschen und ihre Bedürfnisse und Ziele zu interessieren und mit offenen Armen empfangen zu werden. Wir müssen es einfach nur TUN.

6. Wie werden Sie diese Herausforderungen/Chancen für sich persönlich und für Ihren Unternehmens-Erfolg nutzen?

Das wertvollste Gut eines Unternehmens sind Menschen, und zwar die Mitarbeiter und die Kunden. Jeder Geschäftszweig ist ohne die kontinuierliche Aufnahme von Kontakten zu beiden Gruppen auf Dauer zum Scheitern verurteilt.

Deshalb sehe ich es als absolute Priorität einer Führungskraft, für Mitarbeiter und Kunden den Nährboden einer gut funktionierenden Arbeitsgemeinschaft zu bieten. Schulungen, Anregungen aus Seminaren, Erfolgsbücher und ein reger Erfahrungsaustausch untereinander sind hierbei eine große Hilfe, um auf Zielkurs zu bleiben oder neue Motive und Wege zu finden.

7. Welches ist Ihr Lieblings-Zitat zum Thema „Beziehungs-Management"?

Alle menschlichen Beziehungen sind wie Konten
man muss erst einzahlen, bevor man etwas abheben kann.

N.N.

Interview

Alex S. Rusch

Alex S. Rusch ist Verleger des RUSCH VERLAGES und Mitinhaber mehrerer Firmen im Bereich Weiterbildung. Über 300 Stunden Programm hat er mit Hörbüchern produziert. So können Führungskräfte und Mitarbeiter ortsunabhängig im Auto oder mit einem Walkman etwas für ihre Motivation und Begeisterung tun. Brachliegende Zeiten werden genutzt. Das Erfolgsbewusstsein stärkt sich von Tag zu Tag.

Der erfolgreiche Verleger Alex S. Rusch hat folgende Gedanken zu meinen Stichworten entwickelt:

1. Welche Rolle spielt für Sie die Beziehung eines Menschen zu sich?

Es ist sehr wichtig, dass Erfolgsmenschen bzw. angehende Erfolgsmenschen ein hohes Selbstwertgefühl haben. Ich nenne es sogar „Selbst-Liebe". Wenn ein Erfolgsmensch total begeistert von sich ist, sich geradezu selbst liebt, dann trägt dies stark zum Erfolg bei.

2. Welche Bedeutung hat die private Partnerschaft Ihrer Meinung nach für die beruflichen Erfolge eines Menschen?

Eine glücklose Ehe kann eine Karriere stark bremsen. Wenn jedoch zuhause ein Ort der Freude ist, dann ist dies sehr stimulierend und erholend. Meine Devise ist: entweder eine glückliche Partnerschaft oder lieber auf die richtige Partnerin /den richtigen Partner warten.

3. Wie bauen Sie eine gute Beziehung zu Ihren Mitarbeitern auf?

a) In meinen Firmen nennen sich alle beim Vornamen und duzen sich.

b) Ich informiere die Mitarbeiter über alle wichtigen Aktivitäten, z.B. Marketing-Maßnahmen, Großbestellungen, Briefe von glücklichen Kunden usw.

c) Wir haben Info-Wandtafeln, mittels welcher wichtige Informationen und Erfolgsberichte kommuniziert werden.

d) Ich behandle meine Mitarbeiter mit Respekt und lobe sie für gute Leistungen.

e) Zudem gebe ich meinen Mitarbeitern Erfolgstipps. Jeder, der für mich arbeitet, soll dadurch seinen eigenen Marktwert erhöhen können.

4. Was tun Sie und Ihre Mitarbeiter für erfolgreiche Kunden-Beziehungen?

a) Am Telefon begrüßen wir die Anrufer mit: „Willkommen beim RUSCH VERLAG, meine Name ist (Vorname, Nachname), was kann ich für Sie tun?" Und es soll gern und viel gelächelt werden bei Telefongesprächen, weil das auch „gehört" wird.

b) Jedem Paket liegt ein Scheiben bei, auf welchem steht: „Besten Dank für Ihre Bestellung" und ein paar Infos beigefügt sind.

c) Unsere Werbemittel und Infoblätter sind alle übersichtlich und benutzerfreundlich gestaltet. Auch unsere Websites.

d) Wir informieren unsere Kunden regelmäßig mittels Kundenbriefen und dem RUSCH-Internet-Brief über Neuigkeiten .

5. Wo sehen Sie die Herausforderungen für Gegenwart und Zukunft im Bereich Beziehungs-Management?

Die neuen Technologien müssen richtig eingesetzt werden. Hinzu kommt auch die Tatsache, dass ein Teil der Bevölkerung 20 Stunden arbeiten wird und ein anderer Teil 70 Stunden pro Woche, je nach Motivation, Fähigkeiten und Lebensziel.

6. Wie werden Sie diese Herausforderungen / Chancen für sich persönlich und für Ihren Unternehmens-Erfolg nutzen?

Wir müssen vor allem flexibel und offen sein. Dann sind wir den alt eingesessenen, starren Unternehmen immer einen Schritt voraus. Und wir müssen eben auch „Nein“sagen können. Es darf nicht passieren, dass wir 100 Internet-Newsletters pro Tag bekommen. Wir müssen uns auf die wichtigsten beschränken und uns auch überlegen, welche Bekannten und Freunde unsere private E-Mail-Adresse überhaupt bekommen.

7. Welches ist Ihr Lieblings-Zitat zum Thema „Beziehungs-Management“?

Spielen Sie sich nie zum Erzieher Ihres Partners auf!
Partnerschaft ist keine Therapie!

Nikolaus B. Enkelmann

Interview

Anita Schwarzenberg

Noch eine Bündelung von Erfahrungen: Anita Schwarzenberg wagte als gelernte Kauffrau und alleinerziehende Mutter mit 28 Jahren den Schritt in die Selbstständigkeit. Aus ihrer damaligen Situation heraus entschied sie sich für den Bereich „Partnervermittlung“. Sie sieht ihre Aufgabe darin, auf ganz besondere Art mitzuhelfen, diese Welt ein wenig liebevoller zu gestalten. Und zwar mit Herz, Verstand, viel Spaß und einer besonderen Art der Einfühlsamkeit. Hier ihre Antworten zu meinen Fragen:

1. Welche Rolle spielt für Sie die Beziehung eines Menschen zu sich?

Eine sehr große! Denn nur, wer sich selbst akzeptiert und liebt, kann auch seine Umwelt akzeptieren und seinen Partner lieben. Die gute Beziehung zu sich selbst ist meiner Meinung nach eine Grundvoraussetzung für ein erfolgreiches, glückliches Leben.

2. Welche Bedeutung hat die private Partnerschaft Ihrer Meinung nach für die beruflichen Erfolge eines Menschen?

Eine gute Partnerschaft ist eine Quelle der Kraft für den Alltag und für den Beruf. Diese Beflügelung ist unbedingt erforderlich bzw. erstrebenswert. So können Energien zu Synergien werden.

3. Wie bauen Sie eine gute Beziehung zu Ihren Mitarbeitern auf?

Ich lobe sie, bin freundlich zu ihnen und komme auch – soweit es der betriebliche Ablauf ermöglicht – ihren Wünschen im Bereich der

Arbeitszeit nach. Unser Verhältnis ist locker, aufrichtig und rücksichtsvoll. Ich bitte sie in den Bereichen um Hilfe, in denen ich mich weniger gut auskenne.

4. Was tun Sie und Ihre Mitarbeiter für erfolgreiche Kunden-Beziehungen?

Wir sind aufrichtig, freundlich, herzlich und zuvorkommend. Jeder fühlt sich für seinen Bereich verantwortlich und gibt sein Bestes.

5. Wo sehen Sie die Herausforderungen für Gegenwart und Zukunft im Bereich Beziehungs-Management?

Jeder wünscht sich Erfolg – in der Familie, im Beruf, im Alltag. Doch die wenigsten sind bereit, dafür auch etwas zu tun – wirklich zu tun. Die meisten verlangen nur vom anderen, dass er handeln soll. Beziehungs-Management fängt für mich schon in der Familie an. Wie gehe ich mit meinem Partner, mit meinen Kindern um? Das ist für die meisten Menschen die größte Herausforderung, wenn wir an die hohen Scheidungsraten denken. Ich glaube, die „harte Schule" ist out! Auch in der Partnerschaft ist Umdenken angesagt. Im neuen Jahrtausend wird Partnerschaft immer wertvoller. Wir brauchen Zeit für Gemeinsamkeiten aber auch für eigene Interessen. So überfordern wir den Partner nicht, weil unser bestimmtes Thema oder Interesse vielleicht nicht unbedingt sein Ding ist.

Wer etwas in seinem Leben verändern möchte, der kann es heute mit sehr vielen guten Hilfen aktiv umsetzen. Bücher, Vorträge, Seminare, Kassetten, Videos usw. Ich selbst hole mir regelmäßig neue Impulse.

6. Wie werden Sie diese Herausforderung/Chancen für sich persönlich und für Ihren Unternehmens-Erfolg nutzen?

Für mich ist das Thema Partnerschaft zu einem ganz besonderen „Hobby"geworden. Das kann ich sozusagen zu Hause „üben". Ich überprüfe und verbessere meinen Kundenservice ständig und gebe mein Bestes. Bei uns stand der Mensch immer im Vordergrund. Und dort wird er auch weiterhin platziert sein, indem ich das „Persönliche"noch weiter ausbaue und stärke. Es ist für mich selbstverständlich, dass auch meine Außendienstmitarbeiter an Persönlichkeits-Trainings teilnehmen.

7. Welches ist Ihr Lieblings-Zitat zum Thema „Beziehungs-Management“?

Wir werden nicht groß, indem wir andere klein machen.

Nikolaus B. Enkelmann

Interview

Prof. Dr. Lothar J. Seiwert

Prof. Dr. Lothar J. Seiwert aus Heidelberg gilt als Zeitmanagement- und Strategie-Experte Nr. 1 in Europa. Er hat sich als Bestsellerautor, Trainer und Referent ein unverwechselbares Image aufgebaut und vielen Einzelpersonen und Unternehmen zu mehr Lebens-Qualität und Erfolg verholfen. Das Interview enthält viele wertvolle Impulse:

1. Welche Rolle spielt für Sie die Beziehung eines Menschen zu sich?

Es gibt Menschen, die sich, wenn sie allein sind, in der denkbar schlechtesten Gesellschaft befinden. Andere wiederum erzeugen durch sich selbst die höchste Form von Erfolgs-Energie, die Selbst-Motivation. Wir alle kommunizieren auch mit uns selbst auf der Sach- und der Gefühls-Ebene. Und genau da liegen meiner Erfahrung nach die Chancen, Harmonie in der Beziehung zu uns selbst aufzubauen.

Wer sich als Mensch akzeptiert, so wie er ist, der wird sich weiterentwickeln und kann auch für andere ein Förderer sein. Wenn wir Menschen bereit sind, die Beziehung mit uns selbst zu „üben“ und uns selbst neu zu „entdecken“, dann finden wir leichter den Zugang zu anderen und zu Gemeinsamkeiten für eine erfolgreiche Zukunft.

2. Welche Bedeutung hat die private Partnerschaft Ihrer Meinung nach für die beruflichen Erfolge eines Menschen?

Es gibt eine Menge Studien, die sich mit dieser Frage beschäftigt haben. Die Ergebnisse ergeben eine eindeutige Tendenz. Wer in einer glücklichen Partnerschaft lebt, der hat mehr Energie für den Beruf, es fällt ihm vieles leichter und er ist belastbarer. Die Energie der Partnerschaft beflügelt seinen Auftritt bei Mitarbeitern und Kunden. Die beruflichen Erfolge nimmt er mit in die Partnerschaft und die Familie zurück. So schwingt er zwischen zwei Kraftfeldern und verfügt immer über das Charisma des Erfolgreichen.

3. Wie bauen Sie eine gute Beziehung zu Ihren Mitarbeitern auf?

Mein Anspruch an Mitarbeiter ist sehr groß, was die Identifikation mit unseren Visionen angeht. Mitarbeiter sind in meinen Augen „Mitunternehmer".

Sie sollten immer auch das Ganze im Blickfeld haben und ihre Persönlichkeit voll zum Einsatz bringen. Eine erfolgreiche Beziehung bauen wir gemeinsam auf, durch offene Gespräche über Ziele, Stärken und Strategien.

Offenheit, Vertrauen und Zuverlässigkeit stehen für mich an erster Stelle. Und das vorzuleben und zu kommunizieren schafft für beide Seiten höchste Motivation. In meinem *Institut für Time-Management und Life-Leadership* hat jeder Mitarbeiter die Möglichkeit, Projekte mitzugestalten und Verantwortung dafür zu übernehmen. Ich glaube ganz fest, dass hiermit ein wesentlicher Baustein für das Fundament einer guten Mitarbeiterbeziehung gelegt wird.

4. Was tun Sie und Ihre Mitarbeiter für erfolgreiche Kunden-Beziehungen?

Mein Freund Werner Tiki Küstenmacher hat eine wunderbare Folie als Cartoon gestaltet, unter der folgender Text zu lesen ist: „Unsere Konkurrenten arbeiten mit übelsten Methoden: Sie tun einfach alles, was der Kunde will." Und genau das tun wir auch. Wir versetzen uns in die Situation unserer Kunden und entwickeln gemeinsam Konzepte und Durchführungen für maßgeschneiderte Trainings. Es steht heute mehr auf dem Spiel, als nur zu verkaufen.

Es geht um den Aufbau langfristiger Stammkunden-Beziehungen. Diese Beziehungen müssen „entwickelt und gepflegt"werden. Da darf nichts dem Zufall überlassen bleiben. Der Kunde hat die Wahl, von wem er sich Produkte und Dienstleistungen kauft. Wir haben uns entschieden, ihn in eine erfolgreiche Zukunft zu begleiten, mit all unseren Ideen, Konzepten und wirksamsten Maßnahmen. Das ist unsere

Stärke, die wir dem Kunden durch Produkte, Dienstleistungen und Service immer bieten werden.

5. Wo sehen Sie die Herausforderungen für Gegenwart und Zukunft im Bereich Beziehungs-Management?

Die Herausforderung besteht darin, Punkt 4 täglich mit Leben zu erfüllen und auch Kunden bei größten Problemstellungen mit hoher Qualität zu helfen.

6. Wie werden Sie diese Herausforderungen/Chancen für sich persönlich und für Ihren Unternehmens-Erfolg nutzen?

Das hat sicherlich mit der Bereitschaft zur Veränderung zu tun. Wir brauchen die Fähigkeit zum persönlichen Wachstum und zur ständigen Weiterbildung. Die Märkte werden immer austauschbarer.

Um die Kunden in der Zukunft auch weiterhin auffallend besser zu bedienen als der Wettbewerb, brauchen wir eine positive Einstellung zu Menschen und ihren Zielen und Wünschen. Herausforderungen und Chancen zu nutzen, bedeutet für mich in erster Linie die Fähigkeit, Geschäftsfreundschaften aufzubauen und diese mit Vertrauen für eine gemeinsame Stärke in der Zukunft fest zu verankern. Dann rücken wir in die Nähe des dauerhaften Erfolgs, nach dem wir bewusst und unbewusst alle streben.

7. Welches ist Ihr Lieblings-Zitat zum Thema Beziehungs-Management?

Mein Lieblings-Zitat stammt von Nikolaus B. Enkelmann, dem „Grandseigneur unter den Erfolgstrainern“ (Focus).

Es lautet:

Fremde sind Freunde, die man noch nicht kennt!

Interview

Roland Spinola

Kurz-Interview mit Roland Spinola, dem Leiter des Herrmann-Institutes Deutschland (offizielle Vertretung für den deutschsprachigen Raum für das H.D.I. Herrmann-Dominanz-Instrument):

1. Welche Rolle spielt für Sie die Beziehung eines Menschen zu sich?

Die alles Entscheidende! Es sollte mit zu den wichtigsten Bestrebungen eines Menschen gehören, sich selber kennen und lieben zu lernen – das ist die Grundlage, auf der befriedigende Beziehungen zu anderen Menschen aufgebaut werden können.

2. Welche Bedeutung hat die private Partnerschaft Ihrer Meinung nach für die beruflichen Erfolge eines Menschen?

Dazu müsste man erst einmal den Begriff „Erfolg" definieren. So wie er heute oft als Geld- und Machterreichung definiert ist, sind private Partnerschaften, die Nehmen *und* Geben beinhalten, eher problematisch – es sei denn der jeweils andere Partner nimmt sich völlig zurück. Wenn Glück und Zufriedenheit wichtige Erfolgsfaktoren sind (die ja Geld und Macht nicht ausschließen!), dann ist Erfolg wohl ohne eine glückliche Partnerschaft (was immer das für die oder den einzelnen bzw. für zwei Menschen bedeutet!) kaum erreichbar.

3. Wie bauen Sie eine gute Beziehung zu Ihren Mitarbeitern auf?

Einerseits durch Authentizität, d.h. ich brauche mich in keiner Situation zu verstellen, und durch Beachtung der Würde, Integrität und der Interessen der Mitarbeiter andererseits. Das ist natürlich nicht immer sehr einfach.

4. Was tun Sie und Ihre Mitarbeiter für erfolgreiche Kunden-Beziehungen?

Das Gleiche wie unter 3.: Wir nehmen jeden Kunden und jeden Kundenwunsch sehr ernst, auch wenn das manchmal schwer ist, z.B. wenn ich gerade unter starkem Zeitstress stehe und ein Kunde eine eher philosophische Frage hat, deren Beantwortung viel Zeit in Anspruch nimmt.

Darüber hinaus bemühen wir uns, ehrlich und authentisch zu sein – also in der gerade geschilderten Situation die eigene Nervosität und Unwilligkeit, zuzuhören, auch deutlich zu machen. Kunden wollen nicht wie Könige behandelt werden, sondern wie hochgeschätzte Partner. Außerdem haben wir uns angewöhnt anzunehmen, daß der Kunde immer die Wahrheit sagt und seine Wünsche sehr vernünftig und wichtig sind. Die paar Mal, wo sich das hinterher nicht als richtig herausstellte, sind statistisch unbedeutend!

5. Wo sehen Sie die Herausforderungen für Gegenwart und Zukunft im Bereich Beziehungs-Management?

1. Die eigene Einmaligkeit zu begreifen (zum Beispiel die einzigartigen Denkpräferenzen zu kennen, wie sie sich im H.D.I.-Profil zeigen) und danach zu handeln und

2. zu erkennen und zu akzeptieren, dass der jeweils andere ebenfalls einmalig ist und sehr wahrscheinlich anders. Das ist eine Frage der Einsicht – der Rest ist erlernbar.

6. Wie werden Sie diese Herausforderungen/Chancen für sich persönlich und für Ihren Unternehmens-Erfolg nutzen?

Jeden Tag neu versuchen!!

7. Welches ist Ihr Lieblings-Zitat zum Thema „Beziehungs-Management"?

Die Kunst, den richtigen Weg zu finden, besteht aus zwei Ideen: Erstens, sich aus der eigenen Mitte heraus zu bewegen und authen-

tisch zu sein und zweitens, Übereinstimmung und Zusammenarbeit mit anderen zu suchen, weil wir niemals in einem Vakuum agieren.

Justine W. Toms, co-founder of New Dimensions Radio

Interview

Mathias Ulrich

Es gibt Menschen, denen man begegnet, und man mag sie sofort, weil sie etwas Besonderes ausstrahlen. Vor ungefähr 7 Jahren lernte ich einen Unternehmer kennen, der wirklich lebt, was er sagt, und der sagt, was er lebt. Er heißt Mathias Ulrich, ist erfolgreicher Direktionsleiter für die DVAG, der Nr. 1 in der Welt der Vermögensberatung. Auf seine Antworten habe ich mich besonders gefreut:

1. Welche Rolle spielt für Sie die Beziehung eines Menschen zu sich?

Ich muss mich mögen, muss ein hohes Selbstwertgefühl haben. Nur Menschen, die sich selbst achten und wichtig nehmen, tun dies auch bei anderen. Weiterhin gilt es, sich darüber im Klaren zu sein, wie ich auf andere Menschen wirke. Das heißt: Ich muss immer eine gute, eine Top-Einstellung zu mir und zu meinem gesamten Umfeld haben!

2. Welche Bedeutung hat die private Partnerschaft Ihrer Meinung nach für die beruflichen Erfolge eines Menschen?

Hier lautet mein Leitsatz: Eine harmonische private Partnerschaft ist die Grundlage für den Erfolg! Große Ziele im Leben erreicht man nicht einsam, sondern gemeinsam. Dafür ist es notwendig, dass gemeinsame Ziele gesetzt werden und gemeinsam, also „Hand in Hand" darauf zugearbeitet wird. Eine harmonische Partnerschaft ist vor allem in schwierigen Zeiten wichtig, denn sie gibt Kraft, Motivation und das nötige Durchhaltevermögen, um die gesetzten Ziele zu erreichen.

3. Wie bauen Sie eine gute Beziehung zu Ihren Mitarbeitern auf?

Eine gute Beziehung zu meinen Mitarbeitern beruht auf meiner Erkenntnis:

„Wenn du deine Mitarbeiter erfolgreich machst, dann wirst du erfolgreich werden“.

Daraus ergibt sich, dass ich meine Mitarbeiter so behandele, wie ich behandelt werden möchte. Das beinhaltet u.a., dass wir offen und ehrlich „miteinander“ umgehen, und dass Verständnis, Vertrauen und Harmonie täglich gelebt werden.

4. Was tun Sie und Ihre Mitarbeiter für erfolgreiche Kunden-Beziehungen?

Wir fragen uns immer wieder selbstkritisch: „Wie können wir unsere erfolgreichen Kundenbeziehungen noch verbessern?“ Das bildet die Grundlage für die ständige Optimierung unserer Kundenbeziehungen.

Ein wichtiger Eckpfeiler für eine erfolgreiche Kundenbeziehung ist der mehrfache Kontakt pro Jahr zum Kunden. Dieses geschieht u.a. durch:

- Geburtstagskarten (auch für die Kinder)
- Glückwunschkarten zu anderen familiären Anlässen
- Verschicken unseres hausinternen Wirtschaftsmagazins „Der Vermögensberater“
- schriftliche Informationen bezüglich der Veränderung am Finanzmarkt
- nie etwas versprechen, was man nicht halten kann
- nie vom Kunden weiter entfernt zu sein, als das nächste Telefon

5. Wo sehen Sie die Herausforderungen für Gegenwart und Zukunft im Bereich Beziehungs-Management?

In Zeiten des Internets, der Automatisierung und Rationalisierung, sowie der Globalisierung, wird es in der Zukunft noch wichtiger sein, den Menschen in den Mittelpunkt unserer täglichen Arbeit zu stellen. Damit möchte ich zum Ausdruck bringen, dass der persönliche Kontakt, das persönliche Gespräch zum Hauptbestandteil eines erfolgreichen Beziehungs-Managements gehört. Es gilt, den

Menschen in persönlichen, wertvollen Gesprächen die nötige Kraft und Motivation zu geben, die erforderlich ist, um die großartigen Chancen in der Zukunft gemeinsam zu nutzen.

Das Geheimrezept dafür lautet:

„Menschen brauchen Menschen.“

6. Wie werden Sie diese Herausforderungen /Chancen für sich persönlich und für Ihren Unternehmens-Erfolg nutzen?

Ich persönlich suche in der Gegenwart, sowie in der Zukunft immer wieder das persönliche Gespräch mit meinen Mitarbeitern. Auf dieser Kommunikationsebene wird es ständig um die Nutzung der sich für uns ergebenden Chancen gehen sowie um die daraus resultierenden Strategien, die nötig sind, um die vielfältigen Marktchancen für uns und unsere Kunden zu nutzen.

Mein Leitsatz lautet in diesem Bereich:

„Die Qualität meiner Kommunikation entscheidet über den Erfolg meiner Mitarbeiter und somit über den Erfolg unserer gesamten Direktion.“

7. Welches ist Ihr Lieblings-Zitat zum Thema „Beziehungs-Management“?

Behandle die Menschen so, wie du behandelt werden möchtest und hilf ihnen, ihre persönlichen Ziele und Wünsche zu erreichen.

N.N.

Interview

Tina van Teeffelen und Tatjana Magda

Tatjana Magda und Tina van Teeffelen sind die Gründerinnen von VIS A VIS – der Agentur für MotiEvent-Strategien mit Sitz in Hamburg:

R. Arndt: **Welche Rolle spielt für Sie die Beziehung eines Menschen zu sich?**

T. van Teeffelen: Eine positive Beziehung zu sich selbst – also Selbstliebe und Selbstachtung sowie ein gutes Selbstwertgefühl – ist die Grundvoraussetzung für den Umgang mit anderen. Anderenfalls können sich zwei Menschen niemals wirklich begegnen und es entsteht in der Begegnung zweier Menschen fast automatisch eine Art unsichtbarer Kampf – eben diese Spiele der sogenannten Erwachsenen, oder sollte ich sagen „Verwachsenen“: Ich bin besser, reicher, schöner als Du …

R. Arndt: **Welche Bedeutung hat die private Partnerschaft Ihrer Meinung nach für die beruflichen Erfolge eines Menschen?**

T. van Teeffelen: Eine private Partnerschaft hat meiner Ansicht nach heutzutage keine besonders große Bedeutung mehr für den beruflichen Erfolg. Die Rate der Singles liegt bei ca. 50% der Bevölkerung. Allerdings hat eine disharmonische Partnerschaft sicherlich Auswirkungen auf den Berufsalltag eines Menschen.

T. Magda: Das kann ich nur bestätigen. Ich bin alleinlebend, führe ein tolles Leben und bin stolz auf meine Karriere. Auch in meinem persönlichen Umfeld gibt es sehr viele erfolgreiche Alleinlebende. An eine dauerhaft glückliche Partnerschaft werden heute auch besondere Anforderungen gestellt.

T. van Teeffelen: Vielleicht ist es auch an der Zeit sich von dem Mythos „Ehe" zu verabschieden. Letztlich spricht eine Scheidungsrate von 50% für sich selbst. Partnerschaft muß einfach neu definiert werden. Oftmals werden die Bedürfnisse, die früher in einer Partnerschaft befriedigt wurden, heute durch den Freundeskreis erfüllt – und dies wesentlich optimaler. Im Grunde ist es vielleicht auch unrealistisch, daß ein Partner gleichzeitig alle Rollen, wie z.B. Geliebte/r, Versorger/in, Coach, Freizeitgefährte/in, Gesellschafter/in u.s.w. ausfüllen kann.

R. Arndt: **Wie bauen Sie eine gute Beziehung zu Ihren Mitarbeitern auf?**

T. Magda: Der erste Schritt war sicherlich die Streichung des Wortes „Mitarbeiter"aus unserem Sprachgebrauch, denn wir haben gern mit Persönlichkeiten zu tun, eher MitunternehmerInnen. Demzufolge wird jeder Unternehmensbereich mit der optimalen Persönlichkeit besetzt und alle Bereiche sind partnerschaftlich miteinander vernetzt. Ferner duzen wir uns mit allen und es gibt intern keine Hierarchien.

T. van Teeffelen: Die Grundvoraussetzung für das Funktionieren dieser Idee war das Auswählen der richtigen Personen – Menschen, die diese Idee mit Leben erfüllen, die eine solche Situation nicht ausnutzen, die Grenzen kennen und akzeptieren, eben Persönlichkeiten ... und die Chemie muss einfach stimmen, dann geht es wirklich leicht und man hat viel Spaß miteinander, auch wenn es, wie bei uns in der Agentur, einmal heiß her geht.

Für ein erstes Kennenlernen wählen wir daher auch einen Ort außerhalb unseres Büros. Also ohne die Barriere eines großen Chefschreibtisches und dem davor tiefer gelegenen Besuchersessel, der schon mit Angst und Scheu besetzt wäre. Der erste persönliche Kontakt findet bei einem geselligen Mittagessen in schönem Ambiente statt. Jeder – also natürlich auch wir – erzählt nahezu ungezwungen über sich selbst, über Wünsche, Ziele, Träume etc.

Erst innerhalb der folgenden Woche gibt es dann einen weiteren Kontakt – und zwar telefonisch. So haben beide Seiten genügend Raum für Überlegungen und eine fundierte Entscheidung, ob sie sich auf dem künftigen Lebensweg begleiten möchten. Letztlich verbringt man am Arbeitsplatz mehr Zeit miteinander als mit seinem Lebenspartner. Erst in einem weiteren Gespräch werden die Punkte Vergütung, Verträge etc. angesprochen.

R. Arndt: **Was tun Sie und Ihre Mitarbeiter für erfolgreiche Kundenbeziehungen?**

T. Magda: Als Agentur für die Entwicklung von MotiEvent-Strategien für die interne und externe Kommunikation in Unternehmen ist dies unser Lebensinhalt. Gern würde ich den Begriff Kundenbeziehungen in unserem Sinne einmal neu definieren. Unsere Kunden sind mittelständische Betriebe und Großunternehmen.

Tatsächlich verbirgt sich jedoch hinter jedem Kunden ein Mensch oder eben mehrere – also etwas Lebendiges, Vielschichtiges, Spannendes und letztlich auch Herausforderndes.

T. van Teeffelen: Diese Erkenntnis war sozusagen ein Schlüsselerlebnis in unserem Leben. Es geht also darum, Beziehungen zu diesen Menschen aufzubauen, zu festigen und dauerhaft zu erhalten. Diese Einstellung spüren unsere Kunden und das vereinfacht vieles. Ich würde diese Beziehungen eher als Geschäftsfreundschaften bezeichnen. Und Freundschaften haben einen hohen Stellenwert für uns. Eine gute Freundschaft zeichnet sich z.B. durch Ehrlichkeit, Gewinnsituationen für beide Seiten und Interesse für die Bedürfnisse des anderen aus. So macht Arbeiten einfach viel Spaß.

R. Arndt: **Wo sehen Sie die Herausforderungen für Gegenwart und Zukunft im Bereich Beziehungs-Management?**

T. van Teeffelen: Produkte und Dienstleistungen werden immer vergleichbarer. Diese Situation ergibt einen Verdrängungswettbewerb und mündet in einen extremen Preiskampf bis hin zur Unwirtschaftlichkeit. Oftmals geht es nur noch um Rentabilität – gewertet in Pfennigen – und der Mensch/Kunde bleibt auf der Strecke. Das Internet leistet ein übriges, um die Dinge in die Anonymität zu verlagern. Die Märkte und natürlich auch die Menschen sind dadurch stark verunsichert. Eine Suche nach Werten, Beständigkeit und Sinn macht sich überall bemerkbar.

In der Schaffung einer individuellen Unternehmens-Identität mit guten Kunden- und Lieferanten-Beziehungen liegt nach meiner Ansicht die Zukunft.

T. Magda: In diesem Zusammenhang mag ich den Ausspruch einer Freundin nennen: Durch den Fortschritt haben die Menschen sich sehr weit entwickelt – aber auch leider sehr weit voneinander entfernt.

R. Arndt: **Wie werden Sie diese Herausforderungen/Chancen für sich persönlich und Ihren Unternehmens-Erfolg nutzen?**

T. van Teeffelen: Die Unternehmen erkennen mehr und mehr, daß die Mitarbeiter ihr größtes Potenzial darstellen. Immaterielle Größen wie Begeisterungsfähigkeit, Ideen, Engagement und Einsatzbereitschaft haben einen hohen Stellenwert. Der Mensch wird zur betriebswirtschaftlichen Größe, denn Verbindungen entstehen und entwickeln sich – Gott sei Dank – immer noch zwischen Menschen – und dies wird sich auch niemals ändern. Anhand dieser Erkenntnis wurde unsere Unternehmens-Idee entwickelt und verwirklicht.

Durch das tatsächliche Erleben mit allen Sinnen – also sehen, hören, fühlen, riechen, schmecken – kann man die Menschen heute wirklich noch erreichen und Dinge verändern.

Unser Unternehmen – VIS A VIS – entwickelt Event-Strategien im Bereich Personalentwicklung, Incentives und Weiterbildung. Darüber hinaus sind wir spezialisiert auf die Entwicklung der sogenannten Soft Skills – also die Entfaltung von Persönlichkeits-Strukturen bei Mitarbeitern, z.B. auch durch Förderung emotionaler Intelligenz. An und für sich ist dies nichts Neues – aber die Art der Umsetzung ist etwas sehr Besonderes! Nicht stures Lernen, Zuhören etc. – sondern Mitmachen und Erleben – mit viel Spaß, großer Freude und ausgesprochenem Engagement.

T. Magda: Unser Seminar für Dienstleistungs-Begeisterung beispielsweise ist etwas ganz Außergewöhnliches. Der Titel „Vom Frosch zum König" verrät ja schon ein wenig das Thema. Die Welt der Märchen diente als Vorlage für ein märchenhaftes Seminar. Fast jeder kennt die Erzählung der Pech-Marie und der Gold-Marie – die nur durch eine positive oder negative Haltung im Gold- oder Pechregen standen. In einem besonders gestalteten Rahmen erlangen die Teilnehmer neueste Kenntnisse aus den Bereichen Kunden-Umgang und Kunden-Bindung. Und dies auf wirklich „märchenhafte" Weise.

T. van Teeffelen: Immer wieder neu und sehr ergebnisorientiert entwickeln wir Erlebniswelten. Mit den speziell ausgebildeten Trainern aus unserem Pool und neuesten Techniken werden somit einzigartige und sehr wirksame MotiEvent-Strategien in Verbindung mit Seminaren, Schulungen oder Incentives geschaffen.

R. Arndt: **Welches ist Ihr Lieblings-Zitat zum Thema Beziehungs-Management?**

T. van Teeffelen: Ich mag folgendes besonders gern:

Die kürzeste Verbindung zwischen zwei Menschen ist ein Lächeln

N.N.

T. Magda: Ich liebe den Wandspruch in Charly's Cocktailbar in einem Romantikhotel in der Nähe von Münster:

Im richtigen Ton kann man einander alles sagen
– im falschen gar nichts!

Der Optimist und der Pessimist

Ich möchte Sie jetzt entführen – ins Theater. Sie dürfen sich in Gedanken so richtig schick zurechtmachen, ins Auto steigen und losfahren. Sie und Ihr Lebenspartner haben sich schon seit längerer Zeit einen Theaterbesuch gewünscht, der Ihnen etwas bringt. Also nicht nur ein gutes Bühnenbild und vielleicht den einen oder anderen prominenten Schauspieler, sondern mit Inhalt, der ebenfalls für die Bewältigung eines jeden Tages taugt. Das ist Ihr Anspruch.

Das Licht im Saal verwandelt sich in eindeutige Dunkelheit. Ein Mann auf der Bühne schreit: „Licht an !!!" Und siehe da, es ward Licht in Form eines Spots. Der Mann lächelt.

Er ruft laut: „Jetzt !!!" und zeigt mit der Hand in die Ecke der Bühne. Im selben Augenblick erhellt sich durch einen weiteren Spot das Gesicht eines zweiten männlichen Wesens: völlig zerknittert, vermutlich schlecht gelaunt, pessimistisch eingestellt, destruktiv?!

Der Optimist sagt: „Wie dunkel Du auch dreinschaust, ich muss lachen, denn Du bist in meinem Kopf, und da drin siehst Du lustig aus. Du bist in mir, bildest Dich in meinem Geist ab. Und wenn ich die Augen schließe, bist Du in mir gefangen. Ich werde Dich in meinem Gehirn in einen freundlichen Menschen verwandeln. Wenn ich dann meine Augen öffne, kann ich besser mit Dir umgehen. Dein „neuer"Gesichtsausdruck in mir wird unser Gespräch beflügeln. Und dieses hochverehrte Publikum wird Dich dadurch ebenfalls anders erleben."

Der Pessimist verzieht sein Gesicht zu einer kühlen, abwertenden Grimasse und betont zischend und abwehrend: „Niemals!"

Der Optimist schaut freundlich in die Runde und beginnt mit seiner angekündigten Aktion. Er schließt seine Augen und hebt die Hände an seinen Kopf. Er führt sein Haupt in die Höhe und spricht mit einer wundervollen Stimme die folgenden Gedanken aus: „Ich habe die Augen geschlossen und sehe Dich in mir. Du bist in mir eingeschlossen. Ich werde nun Dein Wesen in mir entfalten. Du bist mir sehr sympathisch, weil Du Dich in meinem Inneren zum Positiven verwandeln lässt ..."

Der Pessimist unterbricht: „Dein dämliches Gequatsche geht mir auf die Nerven!! Diese langweilige Nummer ist nicht zu ertragen."

Der Optimist: „Gut, sehr gut ! Ich übersetze immer gleich in mir simultan Dein negatives Gerede in ausdrucksstarke, wertvolle Worte. Liefere mir gern noch weitere Bausteine. Es ist im Grunde völlig egal, was Du sagst, weil es von mir transponiert wird. Wie ein Musiker die Noten in eine andere Tonart umschreibt, ein Mathematiker das Minus durch ein Plus ersetzt. Nun geben wir dem Publikum die einmalige Möglichkeit, ebenfalls das Geschehen im eigenen Geist zu bearbeiten, indem wir den Vorhang fallenlassen. Nur in uns können diese Kräfte umgepolt werden. Und gleich, wenn wir gemeinsam unsere Augen wieder öffnen, wird nichts mehr sein wie vorher ..."

Der Optimist weiter: „Wir werden gleich unser kollektives Augenlid," den Vorhang, nach oben klappen. Dann sehen Sie eine Szene, die sich gewandelt hat, weil Ihre und meine Einstellung zu dieser ‚Person' eine andere geworden ist, indem wir sie in uns umgestaltet haben. Freuen Sie sich alle mit mir auf diesen überaus netten, liebenswürdigen Nächsten, den wir noch vor kurzer Zeit als Pessimisten und ‚unsympathisch' empfunden, in irgendeine Schublade des ‚Bösen' gesteckt haben. Durch dieses mentale Training gelingt es uns, ihn aus seinem engen Fach herauskrabbeln zu lassen. Nun wird er gleich frisch und harmonisch sowie verbindlich und einladend auf uns alle wirken. Er wird seinem Selbst entsprechen und nicht mehr so, wie wir ihn vorschnell und negativ wahrgenommen haben."

Der Optimist zum Pessimisten: „Na, tat es weh?“ Der Pessimist zum Optimisten: „Mir nicht. Aber wie sieht es in Deinem Kopf aus, mein Freund?“

Unsere Phantasie kann uns beflügeln und die Tendenz unseres Denkens und Handelns verändern. Wichtig dabei scheinen die täglichen kleinen Bausteine zu sein, die wie frische Luft und beschwingendes Licht in unsere Persönlichkeit hineinströmen können.

Die Energie der Vorstellungskraft

„Über den Wolken scheint die Sonne immer." Sollte Ihnen das, was sich in Ihren Gedanken oder überhaupt in Ihrem Leben abspielt, nur zu einem kleinen Bruchteil gefallen, dann schließen Sie sich doch an die Energie Ihrer Vorstellungskraft an. Auch unangenehme Wartezeiten sowie ungewisse Situationen lassen sich so in kraftspendende Augenblicke verwandeln.

Stellen Sie sich vor, und tun Sie das bitte in den schönsten Farben und Formen, Sie heben ab und tauchen ganz sanft durch die graue Wolkendecke hinauf zum unendlichen, verzaubernden Anblick eines tiefdunklen und vertrauenerweckenden blauen Himmels. Dieser harmonische Raum wird von den warmen, beschützenden Strahlen einer wärmenden Sonne überflutet. Und Sie dürfen alle Einzelheiten dieser Vision in sich aufnehmen, Ihren Lebens-Akku aufladen und automatisch die negativen Energien wie Zweifel, Bedenken und Ängste in den Kosmos entladen.

Diese wunderschöne Vorstellung schenkt Ihnen Kraft und Glanz, lässt Ihr Gesicht entspannt und freudestrahlend erscheinen. Diese Reinigung versorgt Sie mit der Ausstrahlung, die Sie im Alltag sehr gut für Ihre täglichen Erfolge verwenden können. 3 x täglich, wenn nicht anders verordnet, fliegen Sie in Ihren Visions-Urlaub und schöpfen Kraft aus Ihrem Gedankenspeicher.

Sehe ich etwas, was mich erfreut? Oder freue ich mich und sehe es meiner Freude entsprechend in der Außenwelt? Manche Menschen versuchen allerdings in umgekehrter Weise in der Außenwelt irgendwelche freudigen Elemente zu erjagen, finden diese aber kaum, was dann ...? Dann sieht es in Ihnen vielleicht etwas düster aus. Und das begegnet Ihnen auch draußen in der Umwelt. Gleich und gleich gesellt sich gern. Aber bekanntermaßen sollen sich Gegensätze auch anziehen.

Der Kernpunkt für die tägliche Kommunikation

Schaffen Sie in Ihren Gesprächen immer eine gewisse Transparenz. Wenn wir erreichen können, dass beide Gesprächspartner genau wissen, was der andere zum Ausdruck bringen möchte, dann sind wir ein gewaltiges Stück weiter.

Wir brauchen diese Transparenz nach beiden Seiten: Ich spüre genau, dass der andere weiß, was ich meine. Und ich bin mir ebenfalls sicher, dass ich den anderen mit seiner Aussage genau verstanden habe.

Dieses Transparenz-Ergebnis lässt sich empfinden, lässt sich an der Stimme und der Stimmung sowie der verbalen und nonverbalen Reaktion des Gesprächspartners ablesen.

Unsere Wirkung auf andere Menschen in persönlichen Gesprächen entsteht zu:

7% durch unsere Worte,
38% durch unsere Stimme,
55% durch unsere Körpersprache.

Nun stellen Sie sich eine Person mit verknittertem Gesicht, verschränkten Armen, einer langweiligen Stimmung in der Stimme und folgenden Worten in der Wirkung auf Sie vor: „Interessanter Aspekt, erzählen Sie gern weiter."

Sie würden sofort empfinden, dass die Worte im totalen Gegensatz zu Stimme und Körpersprache stehen. Und so lassen wir uns nicht gern auf einen „Täuschungsversuch" ein. Wir werden entweder versuchen, den Worten zu glauben (und werden „ent-täuscht"), oder Stimme und Körpersprache so wahrnehmen, dass wir ein Gefühl dafür bekommen, was wie zu sagen oder zu fragen ist. Im schlimmsten Fall lehnen wir den anderen ganz einfach ab. Wir sagen NEIN zu ihm.

Wer fragt, führt sich und andere zum Erfolg

Fragen sind die besseren Argumentations-Techniken. Mit Verständnis und dem Willen, für beide das Beste zu erreichen, setzen Sie bitte viele Fragen ein. Wer fragt, erfährt mehr. Wer fragt, interessiert sich für andere.

Wer fragt, übt sich im Zuhören. Wer fragt, führt das Gespräch und den Gesprächspartner zu weiterführenden Bildern und Gedanken:

Worte + Stimme + Körpersprache erzeugen Bilder.
Bilder werden zu Emotionen.
Emotionen führen zu Entscheidungen.

Wenn wir eine positive Entscheidung wünschen, ein „Ja" zu unseren Produkten oder zu unserer Dienstleistung, dann kann sich das Gespräch nur über ein gutes Gefühl dahin entwickeln, das durch Worte, Stimme und Körpersprache aufgebaut wurde. Es kommt also auf unsere Wortwahl an, die dem anderen schnell und positiv hilft, die richtigen Bilder auf der geistigen Leinwand zu sehen, die sich zu einem guten Gefühl für die Entscheidung weiterentwickeln.

Es muss einfach gehen,
sonst geht's einfach nicht.

Kommunikation muss leicht fließen,
sonst verfehlt sie leicht ihr Ziel.

Sympathie und Antipathie – ein „Spiel" unserer Wahrnehmung?

Die individualpsychologische Beraterin, Referentin und Autorin Marion Buchheister hat es geschafft, die Thematik „Sympathie und Antipathie" in Ihrem Buch „Ich mag dich! Ich mag dich nicht ..." auf folgende Punkte zu konzentrieren:

Was macht einen Menschen für uns sympathisch?

1. Das, was uns gleicht!
2. Das ganz andere!
3. Das, was uns erinnert!

Die Sympathie

1. Was macht einen Menschen für uns sympathisch?
   Alles das, was wir an uns selber mögen, das gefällt uns auch an anderen:

❖ die gleiche Art, sich zu kleiden;

❖ die gleiche Art, mit Menschen umzugehen;

❖ die gleiche Begeisterung für ein spezielles Thema (Musik, Filme, Literatur, Reisen, Essen, Hobby);

❖ die gleiche Art des Humors;

❖ die gleiche Lebens-Einstellung;

❖ die gleiche oder ähnliche Vergangenheit;

❖ die gleichen Menschen zu kennen;

❖ die gleichen Erfahrungen gemacht zu haben;

❖ die gleichen Zukunfts-Visionen.

Wenn Sie ein Mensch sind, der den interessantesten aller Wege zum ganzen Erfolg gehen möchte, dann wecken Sie spontan Ihre Begeisterung für Menschen. Es gibt nichts Spannenderes, als in das Meer der kommunikativen Vielfalt einzutauchen. Suchen Sie Gemeinsamkeiten, das Gleiche und Ähnliches, bei Ihren Verwandten, Freunden, Mitarbeitern, Vorgesetzten, Kunden und Kooperationspartnern. Es mag das Bild an der Wand sein, der Autotyp, eine bestimmte Information über den Urlaubsort, die Formulierung eines Ziels ...

Nutzen Sie für einen tiefergehenden Kontakt immer auch die Welt der „gleichen" Art von Erleben, Erfahrung und Vision. Dann macht jedes Gespräch mehr Freude und hinterlässt ein gutes Gefühl. Vergessen Sie nie:

Nur aus einem Gefühl heraus werden Entscheidungen getroffen.

2. Was macht einen Menschen für uns sympathisch?
   Das ganz Andere!

Weil dieses ganz Andere (Individuelle) in der Kombination mit uns ein neues Ganzes entstehen lässt. Der Volksmund sagt es: Gegensätze ziehen sich an! Verständlicher wird es, wenn wir die extremen Gegensätze SCHWARZ und WEISS betrachten. Das WEISS kommt am allerbesten vor SCHWARZ zur Geltung und umgekehrt. Das eine kann ohne das andere keine sichtbare Wirkung erzielen.

Wir brauchen keine Angst vor Gesprächen mit Anders-Denkenden zu empfinden, wenn wir wirklich neugierig auf den anderen sind. Nutzen Sie diese wundervollen Chancen, die das „Anders-Sein“ uns für den Aufbau von erfolgreichen Beziehungen bietet. Privat wie auch geschäftlich öffnen andere Sichtweisen laufend unseren Horizont.

Wir haben oft ein gutes Gefühl, wenn wir einen Menschen kennenlernen, dessen Stärken zu unseren Schwächen und unsere Stärken zu seinen Schwächen passen. Dies zu nutzen, ist ein Stück Klugheit, vielleicht sogar Weisheit. Auf dieser Basis entstehen viele erfolgreiche Kooperationen – beim Thema „Delegieren“ übrigens ebenfalls: Wir delegieren nicht das an andere, was nur wir selbst optimal leisten können, sondern das, was die anderen in irgendeiner Weise anders, besser oder schneller zu erledigen imstande sind als wir.

3. Was macht einen Menschen für uns sympathisch?
   Das, was uns an andere Menschen erinnert, die wir mögen.

Wir erleben immer wieder menschliche Begegnungen, die als besonders harmonisch, interessant oder „sympathisch“ von uns wahrgenommen werden. Wir erleben das Gespräch, als würde man sich schon viel länger kennen. Dieses Gefühl tut uns gut. Wir „er-kennen“ einen bestimmten Aspekt dieser „fremden“ Person wieder, erinnern uns vielleicht an das Lächeln eines entfernten Verwandten, eines Schulfreundes oder eines früheren Mitarbeiters. Die Stimme klingt wie die eines Moderators, den wir sehr schätzen, oder das Funkeln der Augen weckt die Erinnerung an jemanden, der in uns positive Emotionen erzeugt hat. Versuchen Sie herauszufinden, wer Sie an wen erinnert, und nutzen Sie diese Energien in jedem Gedankenaustausch für sich selbst und für den anderen, durch die Vertiefung des Kontaktes.

Fazit des Themas „Sympathie“:

Sympathisch ist uns ein Mensch,
wenn er uns gut tut!
In welcher Form auch immer …

Die Antipathie

Das Thema Antipathie leben wir übrigens nach genau den gleichen psychologischen Spielregeln:

1. Wir empfinden Menschen oft als un-sympathisch, wenn wir an ihnen eine Verhaltensweise oder Äußerlichkeit wahrnehmen, die wir an uns selbst vorfinden und auch bei uns nicht leiden können. Dann spiegelt er die Seite(n) von uns, die wir vielleicht lieber verdrängen oder radikal ablehnen. Antipathie wird also auch durch das in uns hervorgerufen, was uns ähnlicher ist, als wir es wahrhaben wollen. Wo jemand sich erlaubt, was ich mir nicht gestatte, und derjenige hat damit auch noch Erfolg: Da verwandelt sich das eigene Wohlwollen oft schnell in Antipathie.

2. Gegensätze ziehen sich nur an, solange das Gegensätzliche eine willkommene Ergänzung für uns darstellt. Wenn uns der Gegensatz in Frage stellt, kommt meist Antipathie heraus, die oft zu unüberbrückbaren Gegensätzen führt. Bis hin zur Umweg-Kommunikation, so dass nur über Dritte das Thema angesprochen wird, man dem direkten Kontakt ständig ausweicht.

3. Manche Person, die wir nicht mögen, „bestrafen“ wir mit Antipathie, weil sie uns negativ an jemand anders erinnert. Mitmenschen, die uns unserer Wahrnehmung nach „verletzt“ oder „betrogen“ oder „blamiert“ haben, geben wir die Macht, in uns lebendig zu bleiben und diesen Teilaspekt auf andere Leute zu projizieren.

Das sind unbewusste Prozesse, die in Bruchteilen von Sekunden ablaufen und immer wieder auftauchen können.

Geben Sie sich selbst und jedem anderen Menschen eine Chance zum Aufbau einer sich gegenseitig bereichernden Beziehung. Wenn wir nur mit den Menschen freundlich umgehen, die wir vom ersten Augenblick als sehr sympathisch empfinden, dann kann es sein, dass unser Kontakt-Netz zu klein wird. Gehen Sie aktiv auf Menschen zu und erfüllen Sie jedes Gespräch mit Ihrer Persönlichkeit und mit Ihrer Neugier, den anderen „neu"zu entdecken. Sie sind auf diese Weise offen für tatsächliche Wunder in Ihrem Leben. Und viele Menschen haben eine unbewusste Sehnsucht nach einem echten Gedankenaustausch, der beiden neuen Stoff zum Nachdenken gibt und Kommunikation mit Freude erleben und genießen lässt.

Wir brauchen eine gute Beziehung vor der entstehenden persönlichen Beziehung

Wir leben in einer Welt der Information, der Überangebote, der Vorurteile und negativen Denkmuster. Das müssen wir als Einzelmenschen allerdings nicht mitmachen. Wenn Sie einen TV-Spot sehen und dümmliche Dialoge nicht miterleben wollen, dann „klicken"Sie doch bis zur Fortsetzung des Films den Ton weg. Alles, was Sie in Ihr Bewusstsein aufnehmen, sollte auch Ihrer freien Entscheidung entsprechen.

Die „Beziehung vor der Beziehung"meint den Ruf, das Image, die sogenannte „Vorahnung", die jemand hat, wenn er von bestimmten Namen, Produkten oder Dienstleistungen hört. Wir brauchen eine Fähigkeit, unsere guten Absichten und Leistungen per Information so zu präsentieren, dass „Gott und die Welt"in positive Erwartung einsteigt.

Haben Sie sich einen Namen gemacht? Strahlen die Menschen, die Ihren Namen hören oder lesen vor Begeisterung oder zucken sie negativ berührt zusammen? Die Gunst der Gegenwart fordert uns heraus, dafür zu sorgen, dass viele Kunden uns direkt und aktiv finden, weil sie viel Positives von uns gehört haben und den Wunsch verspüren, uns und unsere Leistungen näher kennenzulernen.

Wenn Ihre Kontaktpartner eine erfreuliche Tendenz bereits im Kopf haben, bevor es um irgendwelche Verhandlungen oder Verkaufsgespräche geht, haben Sie eine sehr gute Ausgangsposition. Und wenn sich dann auch noch Ihre Dienstleistung als überwältigend gut darstellt, sind Sie und Ihr zukünftiger Kunde erfolgreiche “Partner“.

Nehmen Sie die folgenden Anregungen für Ihr Unternehmens-Leitbild als Praxistipp, etwas zu tun. Überdenken Sie jeden Punkt gemeinsam mit jemandem, der Ihnen nahe steht und mit Ihnen in eine erfolgreiche Zukunft gehen will. Tun Sie alles, was dazu beiträgt, erfolgreiche Presse- und Image-Arbeit zu platzieren. Achten Sie auf jeden einzelnen Aspekt Ihrer Leistungsfähigkeit und darauf, dass er Menschen auf der Gefühlsebene anspricht. Denken Sie an die Macht der „Mund-Propaganda“. Man sagt ihr die stärkste Macht nach!!!

Anregungen für ein Unternehmens-Leitbild

So verschieden die Mitarbeiter in ihrer Persönlichkeit sind, so vielfältig sind ihre Talente und Potentiale. Diese zu fördern und in einer Team-Synergie zu nutzen, ist die wichtige Aufgabe unseres Unternehmens.

1. Der größtmögliche Nutzen für unsere Kunden steht bei unseren Produkten und Dienstleistungen im Mittelpunkt.

2. Kunden und Mitarbeiter arbeiten vertrauensvoll zusammen. Dadurch entstehen menschliche Kontakte und wertvolle Stammkunden-Beziehungen.

3. Unsere hohen Qualitäts-Ansprüche realisieren wir durch einen von allen Mitarbeitern engagiert umgesetzten „Kontinuierlichen Verbesserungs-Prozess".

4. Durch den optimalen Nutzen für unsere Kunden erzielen wir einen hohen Ertrag für das weitere Wachstum des Unternehmens und die Sicherung unserer Arbeitsplätze.

5. Durch Innovationen und Spitzenleistungen vergrößern wir unsere Anziehungskraft im Markt und sorgen mit individuellen Marketing-Instrumenten für das Erreichen unserer Unternehmensziele.

6. Als „Unternehmer im Unternehmen"entfaltet jeder Mitarbeiter im Sinne der Unternehmensziele ein hohes Maß an Arbeitsfreude, Kreativität und Effizienz.

Die Beziehungs-Positionierung

Die Startrampe für das Angehen von Veränderungsprozessen beginnt mit einer Positionierung. Hauptrollen spielen Stärken und Ziele. Wenn diese beiden Faktoren definiert sind, fällt es leichter, die richtigen Wege zu bestimmen und die einzelnen Schritte umzusetzen.

Nachfolgend finden Sie für die berufliche/unternehmerische Seite Ihres Lebens eine Checkliste zur erfolgreiche Positionierung:

Checkliste „Beziehungs-Positionierung“

1. Wie definieren Sie für Ihr Unternehmen den Erfolgsbaustein einer „Beziehungs-Positionierung“?

   ....

   ....

   ....

2. Welche bereits vorhandenen Stärken zeichnet Ihr Unternehmen aus? In den Bereichen:

   a) Dienstleistungen

   ....

   b) Produkte

   ....

   c) Service

   ....

   d) Mitarbeiter

   ....

e) Marketing

....

3. Welche Problemstellungen/Herausforderungen sind aus heutiger Sicht für Ihr Unternehmen die wichtigsten?

....

....

....

Welche Probleme sind die dringendsten?

....

....

....

4. Welche Mitarbeiter wählen Sie für eine fachliche Weiterbildung aus?

....

....

Für welche Bereiche?

....

....

5. Für welche Mitarbeiter wünschen Sie sich Wachstum in „Persönlichkeit und Beziehungs-Kompetenz“?

....

....

Mit welchen Maßnahmen unterstützen Sie diese Mitarbeiter?

....

....

6. Wie lauten Ihre Unternehmens-Philosophie und Ihr Leitbild? Kennen sämtliche Mitarbeiter und Kooperationspartner dieses neue Leitbild?

....

....

....

....

....

....

....

....

....

....

....

....

....

....

....

....

7. Worin bestehen Ihre Plusleistungen (USPs, Unique Selling Propositions) gegenüber dem Wettbewerb?

....

....

....

8. Wie bewerten Sie sich und Ihre Mitarbeiter in folgenden Bereichen der Persönlichkeit? (1 weniger gut bis 10 sehr gut)

1. Einsatzbereitschaft	*1 2 3 4 5 6 7 8 9 10*
2. Aufgeschlossenheit	*1 2 3 4 5 6 7 8 9 10*
3. Selbstbewusstsein	*1 2 3 4 5 6 7 8 9 10*
4. Teamgeist	*1 2 3 4 5 6 7 8 9 10*
5. Durchhaltevermögen	*1 2 3 4 5 6 7 8 9 10*
6. Zuverlässigkeit	*1 2 3 4 5 6 7 8 9 10*
7. Ausgeglichenheit	*1 2 3 4 5 6 7 8 9 10*
8. Lernbereitschaft	*1 2 3 4 5 6 7 8 9 10*
9. Schnelle Auffassungsgabe	*1 2 3 4 5 6 7 8 9 10*
10. Kontaktfreudigkeit	*1 2 3 4 5 6 7 8 9 10*
11. Flexibilität	*1 2 3 4 5 6 7 8 9 10*
12. Belastbarkeit	*1 2 3 4 5 6 7 8 9 10*

9. Ist für Sie Ihr Kunde die wichtigste Person in Ihrem Unternehmen? Wie definieren Sie das Qualitätssiegel Ihrer individuellen Kunden-Beziehungen?

....

....

10. Wie lauten die sechs A´s für den Anspruch an alle Mitarbeiter Ihres Unternehmens? Welche Erfolgssteigerungen verbinden Sie damit für Ihr Unternehmen?

A ....

A ....

A ....

A ....

A ....

A ....

Ruhe statt Stress

Mein Stress ist bis zu 90% hausgemacht. Ich produziere ihn in mir also selber. Ich bringe mich in den Grenzbereich meiner Belastbarkeit. Jeder Mensch scheint bestimmte Spiele mit sich zu veranstalten. Stress gehört zum Leben, wie der Mund zum Küssen. Aber wir dürfen den Stress nicht überbewerten. Denn jeder hält sich seinen eigenen Stress wie ein Haustier.

Ein Hund muss sicherlich einige Male „Gassi gehen", aber er schläft am Tag auch viele Stunden. In vielen Büchern wird auf einleuchtende Weise Rat und Know-how vermittelt, wie wir durch Anspannung und Entspannung gezielt Stress vermeiden können. Wir brauchen es nur zu tun ...!!!??? Außerdem wollen wir bitte nicht so über Stress reden, als wäre er in jedem Fall schlecht und schädlich. Es gibt auch eine Art von Stress, die uns sehr gut tut. Das ist der Eu-Stress, der Stress des Erfolges, der Spitzenleistung, der Liebe, der Euphorie.

Eine Entspannung für jeden Tag

Entspannung beginnt im Denken,
Atmen und Ruhigstellen des Körpers.

Ich bin vollkommen ruhig, vollkommen entspannt,
ganz locker und gelöst.
Mein Körper ist angenehm schwer,
das Schweregefühl ist im ganzen Körper.

Ich spüre vollkommene Ruhe, angenehme Ruhe,
mein ganzer Körper ist entspannt,
jeder Muskel ist ganz locker,
ich bin vollkommen ruhig.

Alle inneren Funktionen sind
in vollkommener Ordnung und Harmonie.
Ich spüre angenehmes Wohlbefinden.
Ich spüre Zuversicht und Kraft, Frieden und Harmonie.
Ich bin glücklich und zufrieden.

Im Zustand vollkommener Harmonie spüre ich,

wie meine innere Harmonie mich durchströmt
und alle meine Beschwerden beseitigt.

In diesem Zustand fühle ich mich besonders wohl.
Und ich spüre, wie sich meine Zellen erneuern.

Ich erlebe jetzt Freude, Harmonie
und vollkommene Gesundheit.

Ich bin voller Energie und Einsatzbereitschaft.

Der Waldspaziergang als Entspannung

Mit dem Begriff „Wald“ verbinden wir Gesundheit, Natur und Ideenreichtum. Die Einsamkeit genießen, niemand verlangt meine Aufmerksamkeit. Ich kann mich ganz auf mein Fühlen und Empfinden einlassen. Das Knacken der auf dem Boden liegenden Zweige, auf die ich trete, und die Geräuschkulisse der Tiere tun mir gut. Die Baumkronen wiegen sich im Wind. Ein herrliches Erleben von Natur pur, die wir alle für die Gesundheit unserer Seele benötigen.

Probleme sind zum Lösen da

Probleme, ich kann es nur überall und immer wieder betonen, sind für uns alle Chancen. Allein die Vorsilbe „Pro“klingt konstruktiv und lösungs-orientiert. Sie ist Mittel zum Zweck, wie eine Zahnbürste für saubere Zähne. Mängel verlangen ideenreiche Aktivität und keine Vogel-Strauß-Politik.

Zeitliche Abläufe

Wir leben in einem Highspeed-Management der Vernetzung von zeitlichen Abläufen, und Ungeduld kann genauso konstruktiv sein wie Geduld. Ungeduld treibt voran, Geduld lässt reifen und wachsen. Da schließt sich der Kreis.

Freiräume

Freiräume bedeuten für mich Momente, in denen ich meine Seele „baumeln“ lassen kann. Augenblicke, die ich in mir aufsauge, um mir ganz nahe zu sein. Ich bin davon überzeugt, dass jeder Mensch diese Freiräume braucht. Sich einfach zurücklehnen und dasein, die Gedanken schwingen lassen, ohne Anforderungen für eine zu erbringende Leistung, das empfinde ich, wenn ich meine Freiräume plane und sie ab und zu für mich allein genieße.

Dazu zählt, in die Welt hineinzuträumen, das Leben zu studieren, auch einmal „faul“ sein zu dürfen oder sich einen Sonntag wirklich als freien Tag „zu gestatten“. „Programmierte“ Träumerei scheint schwierig zu sein. Wir sind alle einem bestimmten Ablauf unterworfen, der uns fast gefangen hält. Wir sind wie Zahnräder im Getriebe unserer eigenen Sinngebung und pendeln zwischen „ich will“ und „ich glaube, (nicht) zu können“ sowie „ich muss“hin und her.

Auch für die älteren Semester unter uns sei betont, dass es nie zu spät ist, neu durchzustarten und neue Ideen in die Tat umzusetzen, um ein großes Ziel zu verwirklichen. Junge und ältere Leute sind aufgefordert, miteinander zu kooperieren. Der eine bringt Spontaneität und Frische, der andere vielleicht kalkulatorisches Verständnis und Erfahrungen auf Spezial-Gebieten mit ein.

„24 Stunden sind (k)ein Tag“

Wir Menschen versuchen, wahrscheinlich schon sehr lange, immer und immer wieder, die Zeit dafür verantwortlich zu machen, dass wir bestimmte Aufgaben und Aktivitäten nicht termingerecht erledigen. Wir zerstückeln unsere Lebenszeit in Arbeitszeit, Privatzeit, Urlaubszeit, schlechte Zeitpunkte, günstige Momente bis hin zur Erinnerung an die „guten, alten Zeiten“ ...

Bei unseren Versuchen, die Quantität der zeitlichen Abläufe zu überlisten, fühlen wir uns oft in den „Handschellen“ eines Tages überfordert, die Dinge zu erledigen und zu bewegen, die wir uns vorgenommen haben. Immer mehr Menschen benutzen inzwischen eine schon salonfähige Notlüge: „Ich habe keine Zeit mehr.“ Das alles sind Warnsignale, die wir ernst nehmen müssen. Einen wichtigen

Schritt in die richtige Richtung gehen Sie bereits, indem Sie Ihre zeitlichen Abläufe sowie Ihre Gewohnheiten im Umgang mit der Zeit unter die Lupe nehmen.

Eines steht fest: Uns stehen jeden Tag volle 24 Stunden Zeit zur Verfügung. Für uns, für andere und für das, was wir *Leben* nennen.

In diesem Buch werden Ihnen viele Gedanken begegnen, die Ihnen helfen können, Ihre Zeit auf eine neue Weise, in einer neuen Form von Qualität zu empfinden. Nehmen Sie die Anregungen für Ihre individuelle Lebenssituation als bereichernde Impulse, für einen energievollen und dynamischen Rhythmus Ihrer zukünftigen Schaffenskraft.

Telefonieren Sie sich zum Erfolg!

Verkaufs-Erfolge entstehen ausschließlich durch Kommunikation mit Menschen. Ideen, Informationen, Angebote, Absprachen und konkrete Zusagen werden durch vielerlei Kanäle wie Brief, Fax, Internet, E-Mail und das meist „verhasste" Telefon übermittelt. Der Mensch steht dabei mit seiner Stimmung und seiner Stimme im Mittelpunkt des Geschehens. Das Wichtigste beim Telefonieren ist das Gefühl, das beide Gesprächs-Partner am Ende eines Telefonats auf der Beziehungs- und der Sachebene „abspeichern". Vergleichen Sie gern jedes Ihrer Telefon-Gespräche mit der Wirkung eines gut gemachten Rundfunkspots.

Nutzen Sie das Telefon als Ihr Erfolgs-Instrument!

Die Telekommunikation hält für uns konkrete Erfolgs-Faktoren für den professionellen Beziehungs-Aufbau, Effektivität und Effizienz bereit. Wir erfahren und vermitteln am Telefon nicht nur Inhalte, sondern können durch konzentriertes *Hinhören* und *akti es Zuhören* ein „Gefühl" für den Aufbau von (Kunden)-Beziehungen entwickeln und ständig einsetzen.

Es könnte alles so einfach sein,
wenn wir ein wirkliches Interesse
für den „richtigen Draht"
mit den Menschen am anderen Ende
entwickeln würden ...

Die Telefon-Kultur in unserem Land spricht leider eine andere Sprache. Sie ist die Ehe mit der Service-Wüste Deutschland eingegangen. Es ist wirklich eine Schande, dass Kunden, die per Telefon etwas kaufen, eine Bestellung aufgeben oder reklamieren möchten, immer und immer wieder menschlich völlig ignoriert werden.

Bereits am Anfang des Telefonats „langweilt" man die Anrufenden. Das geschieht mit Fehl-Formulierungen wie:

Elektro Meyer GmbH in Frankfurt am Main, mein Name ist Schneider, Markus Schneider, mit wem kann ich Sie verbinden?

Es soll Telefontrainings geben, nach denen nur eines übrig bleibt: nämlich diese einfallslose Formulierung mit Hang zur Flächendeckung in der „Telefon-Wüste“Deutschland.

Ein weiteres Beispiel:

Hannemann & Büchenhagen ... Petersen mein Name, wie kann ich Ihnen weiterhelfen?

Ganzen Kundengruppen dreht sich bei dieser Frage „der Magen um“. Die Kunden werden als „hilfsbedürftige Personen“hingestellt ... Die Formulierung erinnert sie an den letzten Besuch einer Messe, als sie sich vielleicht nur umschauen wollten und spontan „angefallen und aktiv bedrängt“wurden. Viele Messestandbesucher nehmen spontan „Reiß-aus“, um wieder durchatmen zu können. Die Kunden sind erfreulicherweise anspruchsvoller geworden. Sie lassen sich nicht mehr mit dümmlichen Floskeln in tausendfacher Wiederholung, Marke „Wie geht es Ihnen“, verärgern. Kunden haben die Wahl, mit wem sie Kontakt aufbauen und pflegen möchten. Kunden wollen keine „Könige“sein, sondern ernst genommene Partner, mit denen gemeinsam Wünsche definiert und Wege sowie Schritte zum Ziel gefunden und umgesetzt werden.

Eine weitere Art der Kunden-Verärgerung:

„Geben Sie mir ’mal zuerst Ihre Kunden-Nummer!“

Nicht zu fassen, dass sich Mitarbeiter so etwas „noch trauen“, den Kunden „lupenrein“zu umgehen und ihm „ins Ohr zu gravieren“, dass er in diesem Unternehmen nichts weiter als eine Nummer darstellt.

Die Misere beginnt meistens gleich zu Beginn des Telefon-Gesprächs. Dort wird sofort auf die Sachebene abgelenkt. Unbewusst kommt es bei vielen Anrufern so an, als interessiere man sich „in keiner Weise“ für den Anrufer, sondern nur für den Umsatz oder einen anderen Vorteil des eigenen Unternehmens.

Der „Telefon-Dreck“ spritzt uns täglich weiter in die Ohren:

„Worum geht es denn eigentlich?“

„Was (kann ich für Sie tun …)“und „Worum (geht es denn eigentlich)“ bedeutet Sachebene. Ist die Gefühlsebene zwischen zwei Kommunikationspartnern gestört (oder gar nicht vorhanden), so wird es schwierig, sich über „die Sache“ zu verständigen. Eine alte Regel, die mit Treffsicherheit gern und oft verletzt wird.

Lassen Sie sich das nicht länger bieten. Sprechen Sie auch am Telefon Ihre Meinung klar aus. Ich selbst sage manchmal, besonders wenn die Worte des anderen auch noch lustlos oder unfreundlich gesprochen werden: „Wollen Sie nicht erst einmal wissen, wer ich bin? Wie wollen Sie mir helfen, wenn Sie nicht wissen, wer Sie angerufen hat?“

Die Antwort ist fast immer die gleiche: „Ich finde das ja auch nicht gut, wie wir uns am Telefon melden müssen. Aber wir haben da so ein Seminar mitgemacht … und weil das Geld gekostet hat, ziehen wir das jetzt wohl weiterhin so durch.“

Viele Seminarteilnehmer in meinen firmen-internen Telefon-Trainings erinnern sich besonders negativ an diese Einstiegs-Variante, wenn die Stimme am anderen Ende folgende Frage stellt:

„Wie kann ich Ihnen helfen?“

Es gibt Anrufer, die antworten darauf: „Mir ist nicht mehr zu helfen“und machen sich somit über die einfallslose Fragestellung lustig. Niemand lässt sich gern bevormunden oder manipulieren. Begrüßen wir doch unsere „Kunden“wie mündige Bürger, und lassen wir uns auf ihr Anliegen ein, um ihnen dann im zweiten Schritt eine Leistung anzubieten, die das Prädikat besitzt: „Auffallend angenehm anders als alle anderen“.

Es geht doch vielleicht gar nicht um irgendeine Hilfe, die der Anrufer wünscht. Also brauchen wir ihn auch nicht zu fragen: „Womit kann ich Ihnen helfen?“Vielleicht meldet sich gerade der Servicetechniker für Faxgeräte, PC oder Kopierer, weil er seinerseits unserem Unternehmen Hilfe zukommen lassen möchte. Na ja, Sie merken schon:

Hier wird mit einem zweifelhaften „Seminar-Besen“
über Deutschland hinweggefegt.
Und alle machen mit:
„Denn man muss ja schließlich etwas tun!!!“

*Wir brauchen ein individuelles Konzept,
eine Telefon-Kultur, in der sich der Kunde
verbindlich begrüßt
und persönlich angesprochen
und leistungsstark bedient fühlt.*

Niemand von uns möchte sich wie eine „Kundennummer" fühlen und behandeln lassen. Vielleicht verwenden Sie lieber Begriffe „Service-Nr." oder „Beratungs-Nr.". Nutzen Sie am Telefon eine einfache Sprache, die jeder Mensch verstehen kann.

Nachfolgend einige positive Beispiele für erfolgreiches Telefonieren:

„Firma Schraubenzieher, guten Tag... mein Name ist Gudrun Kramer ..."

(Jetzt warten Sie einfach ab, bis der andere sein Anliegen formuliert.)

„Ja, hier spricht Müller, sagen Sie, wann liefern Sie denn endlich die viereckigen Schraubenzieher, ich warte schon so lange darauf?!"

„Schön, dass Sie anrufen, Herr Müller. Ich schau' gern einmal nach, wann Ihre Ware bei uns 'rausgegangen ist. Haben Sie Ihren Auftrag vorliegen?"

„Ja"

„Oben rechts in dem kleinen Kästchen steht Ihre Service-Nr., Herr Müller. Wenn Sie mir die nennen, kann's sofort losgehen ..."

„Müller & Co., guten Tag, ich bin Stephan Wegner ..."

(Viele Menschen haben eine Steigerung ihrer persönlichen Wirkung am Telefon mit dieser kleinen Formulierung erreicht: „... ich bin Stephan Wegner." Jede Veränderung wünscht sich allerdings ein wenig Zeit, um eine neue Gewohnheit entstehen zu lassen. Geben Sie sich bzw. Ihren Mitarbeitern diese Vorlaufzeit, damit Veränderung auch durch Qualitäts-Steigerung plus Arbeitsfreude wachsen kann.)

Was ebenfalls leider als Ursache in unserer „Telefon-Wüste“ immer noch zu hören ist: menschliche Missachtung beim Ansage-Text auf dem Anrufbeantworter. Viele Firmen ohrfeigen den Kunden blitzschnell mit der Formulierung **„Sie rufen außerhalb unserer Geschäftszeit an!!“**

Empfangen Sie Ihre Kunden auch während Ihrer Abwesenheit mit Respekt und Freundlichkeit.

„Meier & Söhne, guten Tag. Schön, dass Sie anrufen. Wenn Sie uns Ihren Namen und Ihre Telefon-Nr. auf das Band sprechen, können wir Sie so schnell wie möglich zurückrufen. Vielen Dank und noch einen schönen Tag für Sie ...“

Die Quote der Anrufer, die wirklich eine Nachricht hinterlassen, steigt durch positive Formulierungen enorm an.

Viele Kunden haben den einfachen Wunsch, wie Gäste empfangen zu werden. Es kann doch nicht so schwer sein, die Menschen am Telefon freundlich, fair und mit Respekt zu behandeln. Ich weiß nicht, wie lange wir für den Weg von der „Service-Wüste“zur “Service-Oase“ benötigen und ob wir diese Strecke überhaupt bewältigen. Warten Sie bitte nicht länger auf andere. Gehen Sie als Vorbild voran und geben Sie Ihr Bestes. Schenken Sie Ihren Kunden und Ihren Freunden das aufrichtige Gefühl von Wertschätzung, Persönlichkeits-Kompetenz und Zuverlässigkeit.

Dann liegen Sie immer richtig, im besten Trend der Welt:

Durch kommunikative Spitzenleistung mit einem guten Gefühl zu Spitzen-Erfolgen.

Ihre „Telefonische Visitenkarte“

Gerade beim Telefonieren ist der erste Eindruck besonders wichtig. Oft entscheidet sich in den ersten Sekunden, ob das Telefonat überhaupt weitergeführt wird. Wir wissen nie genau, in welcher Situation wir den „Kunden“erreichen. Also brauchen wir eine Annäherung an den Gesprächspartner, die ihm sofort das Signal einer positiven Botschaft übermittelt.

Mit folgenden vier Punkten haben Sie die Nase vorn:

1. Ihre Innere Einstellung und Ihre Freundlichkeit

Wir dürfen nicht zulassen, dass die Freundlichkeit aus unseren Telefonaten „herausgeschnitten"bzw. „wegrationalisiert" wird. Freundlichkeit wirkt verbindend, schafft eine Atmosphäre von Interesse und Vertrauen. Die erfolgreiche Wirkung von Freundlichkeit darf sich gern zum echten Dialog weiterentwickeln. Der Kunde spürt, dass er mit seinen Wünschen und Zielen im Mittelpunkt unserer Arbeit steht und dort nicht stört, sondern Sinn unseres Einsatzes bedeutet. Neue Mitarbeiter nehmen das hohe Niveau in unserer Kommunikation wahr und erleben Arbeit und Zusammenarbeit ganz neu in der Form, dass Spitzenleistungen viel schneller möglich werden.

Wenn wir freundlich, fair und mit Respekt telefonieren, werden wir immer auch über eine sichere Terminsituation verfügen. Eine freundliche Stimme lässt eine angenehme Stimmung entstehen. Und diese verbindende Atmosphäre schafft die „menschlichen Voraussetzungen" für tägliche Telefonerfolge.

2. Ihre Zuverlässigkeit

Allein mit Zuverlässigkeit können wir uns in der heutigen Zeit von vielen anderen Menschen abheben. Unser Wort muss wieder mehr Gültigkeit besitzen. Zuverlässigkeit bedeutet: „**Wort = Tat**". Das, was einer sagt, das hält er auch ein. Ohne *Wenn* und *Aber*, ohne *Ausreden* und *Schuldzuweisungen* an andere. Zuverlässigkeit schafft eine wunderbare Basis für langjährige Zusammenarbeit und Kundenbindungen.

Es macht Spaß, mit zuverlässigen Menschen zusammenzuarbeiten, ihnen vertrauen zu können und sie auch „beim Wort"nehmen zu dürfen. Seien wir auch uns selbst gegenüber zuverlässig. Seien wir uns ein zuverlässiger Partner, damit wir das auch für andere sein können.

3. Ihre Emotionale Kompetenz

Beim Beobachten vieler Telefonate fällt immer wieder auf, dass es oft gar nicht so falsch ist, **was** gesagt wird, aber **wie** er oder sie sich ausdrückt. Da spricht jemand über einen Investment-Fond und meint: „Der entwickelt sich gar nicht schlecht". Wenn uns etwas gefällt, dann dürfen wir es gern motivierend ausschmücken, so dass sich der andere auch „ein Bild davon"machen kann, z.B.: „Aus den Gewinnen dieses Fonds finanzieren einige meiner Kunden ihre Absicherung für später".

Die Fähigkeit, positiv zu formulieren, erzeugt andere Impulse vor unserem geistigen Auge. Und darauf kommt es an: „Jedes Telefonat wirkt nur mit der Intensität, wie das Gefühl, das es entstehen lässt". Statt:

„Herr Müller ist nicht da, wann er wiederkommt weiß ich auch nicht, und ich kann Ihnen da nicht helfen ..."

klingt viel besser:

„Schön, dass Sie anrufen, Herr Kramer. Herr Müller ist ab ca. 14.00 Uhr wieder im Büro. Nennen Sie mir doch bitte Ihre Rufnummer und einen Zeitpunkt, wann er Sie am besten erreichen kann. Gerne notiere ich noch ein Stichwort für Herrn Müller ... Vielen Dank, Herr Kramer, und noch einen schönen Tag für Sie."

Auch ein Telefonat gilt als „Besuch". Wir besuchen den anderen Menschen mit unserer Stimme und können die Chancen nutzen, das richtige Gesprächsklima aufzubauen und gemeinsame Ziele zu erreichen.

4. Ihr professionelles Vorgehen

Ein Profi in Sachen Verkauf hat es wesentlich leichter bei seiner Karriere, wenn er gleichzeitig ein Profi in der Kommunikation ist:

Pflegen Sie bewusst Ihre Telefonstimme!

Der Name des Kunden ist eines der wichtigsten Wörter in seinem Leben. Nennen Sie ihn mindestens am Anfang, dann im weiteren Verlauf 2-3 mal sowie bei der Verabschiedung.

Sprechen Sie in angenehmer Geschwindigkeit. Leicht verständliche Wortkombinationen können flüssig gesprochen werden, besonders bedeutende Inhalte werden langsamer und betonter artikuliert.

Telefonieren Sie immer auch „schriftlich", mit Papier und Stift!

Bereiten Sie jedes Telefonat nach. Tragen Sie die vereinbarten Termine sofort in Ihr Zeitplanbuch ein und legen Sie die Telefon-Notiz dorthin ab, wo sich die Unterlagen für das persönliche Gespräch befinden.

Schaffen Sie für sich nach jedem Telefonat eine gute Gefühlsbasis für das nächste Telefonat. Und denken Sie immer an den Nutzen Ihres Gesprächspartners!!!

- Telefonieren Sie mit Freude.
- Telefonieren Sie zum Nutzen vieler Menschen.
- Telefonieren Sie mit Erfolgsbewusstsein.
- Telefonieren Sie mit Spitzenleistungen.
- Telefonieren Sie für die Erreichung all Ihrer Ziele.

Mit Freundlichkeit und Sympathie liegen wir immer richtig.

Die „Telefonische Visitenkarte“ spricht die Gefühlsebene des anderen an. Sprechen Sie immer mit einer Stimme, die beim anderen eine positive Stimmung erzeugt.

Dies können Sie täglich trainieren. Immer dann, wenn Sie jemanden anrufen, oder aber Sie nehmen den Hörer von der Gabel, wenn andere Sie telefonisch erreichen möchten, dann kommt Ihre „Telefonische Visitenkarte“zur Geltung. Ihre Stimme braucht das Charisma vom „Nutzen“.

„Der Vorteil des Kunden ist Ihr Geschäft“ und „Ihr Vorteil ist das Geschäft des Kunden“

Es gibt keinen Menschen, der Angst vor dem Telefon-Apparat hat. Es gibt aber viele, die Angst „vor der Begegnung mit dem Menschen am anderen Ende“verspüren. Und diese Unsicherheit, die Angst vor dem NEIN, boykottiert besonders Verkäufer bei ihrer täglichen Aufgabenbewältigung.

- Nur wer die positiven Emotionen eines Menschen fördert, verursacht positive Entscheidungen.
- Freundlichkeit ist ein Transportmittel für den Nutzen von Mensch zu Mensch.
- Kompetenz heißt heute: Persönlichkeit + Fachwissen.
- Kompetenz wird durch unsere Stimme hörbar, spürbar und vorstellbar, für unsere Kunden.

Checkliste für tägliche Telefon-Erfolge

1. Zu welchen Zeiten werde ich heute telefonieren? Ich telefoniere nur noch in voller Konzentration, für meine Meisterschaft im telefonischen Aufbau und Ausbau von Beziehungen.

2. Bin ich gut eingestimmt? (Stimme erzeugt Stimmung, Stimmung wird am Telefon über die Stimme wahrgenommen.)

3. Bin ich gut vorbereitet? (Unterlagen parat, Schreibtisch aufgeräumt, Notizblock, Projektmappe, Zeitplanbuch.)

4. Telefoniere ich, um „FREUDE ZU FINDEN“ oder um „SCHMERZ ZU VERMEIDEN“? Ich gehe den Weg der Freude! Jedes Telefonat bringt Ergebnis oder Lernerfolg oder beides.

5. Bin ich absolut zuverlässig beim Einhalten von Telefon-Terminen und sämtlichen Absprachen? Gilt mein Wort, nicht nur bei Kunden, sondern auch bei Mitarbeitern und Privatkontakten?

6. Was ist mir bei meinen heutigen Telefonaten noch bewusster geworden? Was habe ich heute dazugelernt? Habe ich meinen „Telefon-Coach“angerufen? (Ein Lernpartner, mit dem ich einen offenen Gedankenaustausch pflege und bei dem ehrliches und tägliches Feedback im Mittelpunkt steht.)

7. Welche Konsequenzen ergeben sich für mich und meine Kontaktpartner konkret aus den neuen Erfahrungen?

8. Es gibt nur noch „erfolgreiche“Telefonate: Entweder ich erreiche meine (Teil)-Ziele, oder es war ein kostenfreies Trainings-Telefonat. „Lernen von und mit Kunden“= professioneller Vorteil!

9. Was tue ich HEUTE, um meine Mitarbeiter in ihren Telefon-Aktivitäten zu unterstützen? Wen kann ich aktiv fördern?

10. Wodurch habe ich mir heute das Prädikat verdient:

„Auffallend angenehm anders als alle anderen?!“

Telefon-Teilziele

	sehr gut	gut	weniger gut
Detailinformationen?	( )	( )	( )
Mentale Einstimmung?	( )	( )	( )
Optimaler Zeitpunkt?	( )	( )	( )
Begrüßung/Einstieg?	( )	( )	( )
Namen genannt?	( )	( )	( )
Habe ich Fragen gestellt?	( )	( )	( )
Hat der Kunde Fragen gestellt?	( )	( )	( )
Ruhige, angenehme Stimme?	( )	( )	( )
Verbindliche Atmosphäre?	( )	( )	( )
Was habe ich vereinbart?	( )	( )	( )
Telefontermin abgestimmt?	( )	( )	( )
Schriftliche Notizen?	( )	( )	( )
Gesamteindruck?	( )	( )	( )

Unternehmens-Erfolge durch kontinuierliche Verbesserungen

Um die großen Chancen für Unternehmens-Erfolge in unserer Zeit permanent zu nutzen, benötigen wir die Stärken sämtlicher am Unternehmensprozess beteiligten Menschen.

„Jeden Tag ein bisschen besser!!"

Das können Führungskräfte und Mitarbeiter glaubhaft umsetzen, in einem gemeinsamen Erfolgs-Prozess mit „internen und externen"Kunden, Lieferanten und weiteren Kooperationspartnern: KVP = Kontinuierlicher Verbesserungs-Prozess. Leider wird diese in vielen Unternehmen immer noch als Kontinuierlicher Verhinderungs-Prozess gelebt. Es geht um die in sämtlichen Unternehmensbereichen zu entdeckenden Erfolgs-Chancen.

Die Ziele:

1. Kunden-Begeisterung durch Spitzen-Qualität in sämtlichen Produkten, Dienstleistungen und Service-Aktivitäten.

   Ihr Vorteil: Kunden machen „Werbung"für Sie!

2. Mitarbeiter-Zufriedenheit für höchste Selbst-Motivation zur optimalen Aufgaben-Erfüllung.

   Ihr Vorteil: Auf Ihre Mannschaft ist 100%ig Verlass!

3. Zeit- und Kosten-Einsparung für die Effektivität und die Sicherung des Unternehmens-Erfolges.

   Ihr Vorteil: Unternehmens-Erfolg zeigt Erfolgs-Zahlen!

4. Professionelle Lösungen durch Öffentlichkeitsarbeit originell bekannt machen und die Anziehungskraft im gesamten Markt verstärken. Das Internet nutzen.

   Ihr Vorteil: Die Kunden finden Sie.
   Und Sie bauen schneller mehr Beziehungen auf!

Verbesserungen zu entwickeln und sicher sowie ständig einzusetzen, ist ein Prozess, der am wirksamsten mit einem Workshop gestartet werden kann. Einen Tag lang mit Mitarbeitern die Qualitäts-Ziele definieren und konkretisieren ... so weiß jeder, was es zu tun gilt, um ab sofort den Unternehmens-Erfolg durch Spitzenleistungen des einzelnen zu steigern.

„Kein einzelner von uns ist so klug und erfahren wie wir alle zusammen.“

„Qualität ist, was wir täglich tun!!!“

- **Wer** macht **was** mit **wem** bis **wann**?
- **Wer** unterstützt durch Ideen und Know-how?
- **Welche** Schwierigkeiten sind zu erwarten, **wie** müssen die Ideen aufbereitet und präsentiert werden, um möglichst viele beteiligte Personen positiv einzustimmen?
- **Welche** Informationen werden für den Entscheidungs-Prozess benötigt?
- **Wer** sorgt durch Kontrolle für die Erfolgssteuerung?
- **Wie** sorgen wir für immer neue Ideen und Impulse, um den Erfolgs-Prozess der Verbesserungen lebendig zu halten?

Ein Berater, Trainer und Coach kann Sie bei Ihrem individuellen Verbesserungs-Prozess mit Impulsen unterstützen und Ihnen auch dabei helfen, den Weg zum Erfolg abzukürzen, denn „Zeit ist Geld, Zeit ist Qualität, Zeit ist Erfolg“.

Verbesserungen durch Mitarbeiter-Ideen

1. In meinem Aufgabenbereich bringt eine Veränderung folgender Situation Vorteile (Beschreibung des Zustandes, wie er sich zur Zeit darstellt):

   ....

....

....

....

2. Mein Verbesserungsvorschlag (Beschreibung des Ideal-Zustandes):

....

....

....

....

3. Folgende Vorteile bringt die Verbesserung für das Wohlbefinden der Mitarbeiter bzw. die Optimierung des Arbeitsprozesses:

....

Folgende Vorteile bringt die Verbesserung für eine Zeit-Ersparnis:

....

Folgende Vorteile bringt die Verbesserung für eine Kosten-Ersparnis:

....

Folgende Vorteile bringt die Verbesserung für den Qualitäts-Gewinn für unsere Kunden:

....

4. So erreichen wir die Verbesserung:

....

....

....

....

....

5. Wer hilft bei der Umsetzung? Name(n): ....

Wer unterstützt uns? Name(n): ....

Zeitliches Umsetzungs-Ziel? Datum: ....

Kontrolle? Name: ....

Datum: ....

6. Welche Details müssen vorher abgeklärt werden?

....

....

7. Wer muß „grünes Licht“ für diese Verbesserung geben?

....

8. QUALITÄT ist, was wir täglich tun !!!

Die nächsten Schritte:

....

....

....

Menschliche Verbindungen als Erfolgsfaktor

Der Diplom-Psychologe Josef Maiwald arbeitet seit 1987 als Berater, Trainer, Coach und Autor – u.a. für die Themen Führung, Kommunikation und Selbst-Organisation. 1994 gründete er die Trainer- und Beraterkooperation PE- Team und 1997 eine ARTfirma Verlags-GmbH, die mittlerweile unter dem Namen A-bis Gesellschaft für Unternehmensentwicklung mbH firmiert. Hier einige seiner Gedanken und Erfahrungen zum Thema „Beziehungs-Aufbau“ mit Freundschafts-Energie:

Mir gefällt am besten das Zitat: „Bevor wir miteinander ins Geschäft kommen, möchte ich, dass wir Freunde werden“. Im Laufe meiner mittlerweile 13-jährigen Berufserfahrung habe ich Geschäftsbeziehungen schon auf sehr unterschiedliche Weise begründet. In einem Fall habe ich mehrere Tage verhandelt, bis alle Klauseln in dem mir vorgelegten Vertrag, die mir unannehmbar erschienen, gestrichen und durch einigermaßen akzeptable ersetzt waren. Nach der vertragsgemäßen Abwicklung eines kleinen Projektes haben sich unsere Wege dann auch wieder getrennt – in diesem Fall war nicht nur aller Anfang schwer, sondern auch die Beziehung war insgesamt sehr kompliziert und hat mich unnötig Energie gekostet.

In vielen anderen Fällen – gerade bei langjährigen Kunden – gibt es entweder gar keinen schriftlichen Vertrag oder nur einen, der den groben Rahmen absteckt. Viel mehr als die „Buchstaben des Vertrages“ zählen hier das gegenseitige Vertrauen und das gemeinsame Interesse, ein Projekt erfolgreich zu meistern oder ein gestecktes Ziel zu erreichen. Stimmen für den Kunden das Preis-Leistungsverhältnis und für mich das Verhältnis von Aufwand und Ertrag, haben beide Seiten großes Interesse daran, die Erfolgsstory fortzusetzen. Ist einer der Partner einmal unzufrieden, muss es möglich sein, wie unter „Freunden“ offen darüber zu reden.

Um auf das Zitat zurückzukommen: Selten besteht schon eine Freundschaft, wenn man miteinander ins Geschäft kommt; aber eine gewisse Sympathie ist aus meiner Sicht zwingend erforderlich, um eine erfolgreiche Geschäftsbeziehung aufzubauen. Wenn die

Chemie stimmt und man gemeinsame Erfolge erzielt, entstehen im Laufe der Zeit dann auch tatsächlich echte Freundschaften.

Das beginnt selbstverständlich bei jedem selbst. Wenn jemand schlecht gelaunt und mürrisch ist, sagt der Volksmund auch: „Der mag sich heute selber nicht." Und wahrscheinlich hat schon jeder erlebt, dass die schlechte Laune sehr schnell zu Konflikten mit anderen Menschen führen kann. Umgekehrt ist auch die gute Laune und eine positive, optimistische Stimmung ansteckend. Die Bedeutung der Beziehung zu sich selbst hat man schon früh erkannt. Der Kernsatz des christlichen Glaubens und damit letztlich unserer gesamten abendländischen Kultur lautet schließlich „ Liebe Deinen Nächsten wie Dich selbst". In der Transaktionsanalyse, die sich die wissenschaftliche Untersuchung der Bausteine menschlicher Beziehungen zur Aufgabe gemacht hat, heißt es etwas moderner aber inhaltlich identisch „Ich bin o.k. – Du bist o.k.". Diese vereinfachte Formel bedeutet, dass Menschen nur dann gut miteinander auskommen, wenn sie davon ausgehen, dass jeder Mensch gleich wertvoll und prinzipiell liebens- und achtenswert ist. Die zentrale Bedeutung der Beziehung zu sich selbst resultiert daher, dass wir vergleichen „Wie möchte ich behandelt werden?", „Wie würde ich mich verhalten?" Nur wer sorgsam mit sich selbst umgehen kann, das heißt sowohl mit den eigenen Stärken als auch den eigenen Unzulänglichkeiten, hat die nötigen Voraussetzungen, auch in der Beziehung zu anderen sensibel und kompetent zu agieren.

Neben all den Freundlichkeiten ist mir aber auch wichtig zu betonen, dass ich es als eine der wichtigsten Aufgaben eines Geschäftsfreundes/Kooperationspartners ansehe, gerade unbequeme Dinge offen und ehrlich anzusprechen. Mögliche Probleme zu verschweigen, nur weil sie vielleicht vorübergehend die Harmonie stören könnten, wäre sicher falsch verstandene Freundschaft.

„Geschäftsfreundschaften als Unternehmens-Kultur?“

Ich wünsche uns allen in den Zeiten des verstärkt erlebten Wandels, dass wir uns auf das konzentrieren, was den größten Teil unseres Erfolgs ausmacht:

Gesundheit, Schaffensfreude, Selbstmotivation, ein gutes Gewissen, Sicherheit und zufriedenstellende private, berufliche und menschliche Verbindungen.

Zusammenarbeit und Kooperation stellt für jeden von uns immer wieder eine große Herausforderung dar. Ich möchte Ihnen fünf Gedanken vermitteln, die für Sie vielleicht von besonderem Interesse sind, weil sie ab sofort umsetzbar und wirksam sind. Wir fächern den Begriff „Geschäftsfreundschaften“ auf und klären seine Bedeutung und Rolle für unsere heutige Zeit:

1. Kooperation als Erfolgsfaktor

2. Qualitätsmanagement

3. Unternehmens-Kultur

4. Gewinn – Gewinn – Strategie

5. Selbst-Motivation und Selbst-Aktivierung

Kennen Sie die Geschichte von der Henne und dem Schwein, die miteinander kooperieren wollten?

Es waren einmal eine Henne und ein Schwein, und die hatten Lust zu einer Kooperation. Bald kamen sie auch schon auf eine glänzende Idee und suchten eine optimale Problemlösung für die Zielgruppe der Menschen, die gern morgens etwas Besonderes zum Frühstück essen. Sie nannten Ihr Angebot: „Ham and Eggs“. Und dann ging es los. Die Henne legte jeweils ein Ei, und dem Schwein wurde ein kleines Stück Fleisch abgeschnitten.

Nach einer Stunde beklagte sich das Schwein und sagte: „Schau’ ’mal, liebe Henne, wenn wir diese Kooperation so fortführen, dann geh’ ich bald drauf.“ Da sagte die Henne: „Nun beklag Dich nicht, so ist das eben bei einer Kooperation, einer kann nur Vorteile haben. Und das bin nun einmal ich.“

So sieht es leider auch im Wirtschaftsleben aus. Kooperationen sind oft entweder Notgemeinschaften oder aber sie werden so geführt, dass einer der Partner in Not gerät. Entweder durch menschliches Ausnutzen oder finanzielles Übervorteilen. Kooperationen sind genauso individuell zu führen wie wir als Menschen allesamt verschieden sind. Wenn zwei Menschen, zwei Unternehmen kooperieren, dann ist das immer eine Einmaligkeit. Und so müssen wir auch dabei vorgehen.

Jeder von uns versteht unter den genannten Begriffen etwas anderes, hat andere Erfahrungen gesammelt oder stellt sich andere Aktivitäten für die Ziel-Erreichung vor. Und das ist auch gut so. Denn wir alle sind einmalige Individuen. Das beweist nicht nur die Tatsache, dass jeder von uns einen unterschiedlichen Fingerabdruck besitzt. Bei über 6 Milliarden Menschen auf unserer Erde können wir auch davon ausgehen, dass jeder seine eigenen Wünsche und Vorstellungen von seinem Lebensweg im Kopf und im Herzen trägt. Aber nicht jeder gibt sich die Chance, seinen Erfolg tatsächlich aus eigener Kraft gemeinsam mit anderen zu gestalten.

Und so gehen auch jedem Leser bestimmte Gedanken durch den Kopf, wenn er zum ersten Mal gelesen hat:

Die menschliche Verbindung als Erfolgsfaktor

Der eine denkt: Geschäftsfreundschaften, das klingt nach „Schulterklopfen und Mauschelei“, dem anderen kam vielleicht die Frage in den Sinn: „Wie sollen denn ohne Geschäftsfreundschaften langfristige Kundenbeziehungen überhaupt funktionieren?“ Und ein dritter war vielleicht spontan der Meinung: „Egal wie wir das Ding auch nennen, Hauptsache, der Kunde kauft und die Kasse klingelt!“

Dabei könnte doch im Wirtschaftsleben alles viel einfacher sein, wenn wir nur bestimmte Gesetzmäßigkeiten einhalten würden. Der Sport macht es uns wunderbar vor, und zwar durch die sogenannten Spielregeln. Wenn ein Spieler beim Fußball den Ball mit der Hand berührt, dann ist das ein eindeutiger Verstoß gegen die Regeln. Wenn ein Sprinter beim 100m-Lauf bereits kurz vor dem Startschuss losläuft, führt der Fehlstart erst zum Abbruch, dann zum neuen Versuch. Oder wenn ein Ski-Slalom-Läufer die Hindernisse ignoriert und streckenweise einen Abfahrtslauf daraus macht, wird er sofort disqualifiziert ...

Übertragen wir diese Verstöße auf die Situationen in einem Unternehmen, so sind die Folgen oft katastrophal. Nicht selten entwickeln sich Geschäfts-Beziehungen und Kooperationen zum „Kleinkrieg“, und meist nur deshalb, weil einer der Partner sich nicht an Verträge, Absprachen oder „ungeschriebene Gesetze“ hält. Und manchmal sind es gerade die Dinge zwischen den Zeilen, die in ihrer Summe und Dauerhaftigkeit vollzogen, quälende Probleme bereiten oder große Erfolge und Freude an der Zusammenarbeit intern und mit den Kunden bewirken.

Denken Sie doch einmal über folgendes Motto nach:

Zuverlässigkeit, Fairness und Harmonie sind die Erfolgsfaktoren für Ihren Unternehmenserfolg

Das könnten Spielregeln für den Einsatz unseres gesunden Menschenverstandes sein. Und genau der macht es aus: Vereinbarungen dermaßen tief im Bewusstsein des einzelnen zu verankern, dass jeder automatisch die Qualität der Zusammenarbeit durch das Niveau seiner Persönlichkeit mitgestaltet, und immer zum Wohl aller Beteiligten.

Justus von Liebig hat im vergangenen Jahrhundert erforscht, dass Pflanzen für ihr gesundes Wachstum bestimmte Minifaktoren benötigen:

1. eine individuelle Menge an Wasser,

2. eine individuelle Dosierung von Licht,

3. die richtigen Nährstoffe,

4. die richtige Temperatur,

5. den optimalen Boden.

Für uns Menschen könnten ebenfalls Minimumfaktoren gelten, Elemente, die in bestimmten Mindestmengen für unseren Erfolg ausschlaggebend sind.

Sie erinnern sich an den Erfolgs-Code am Anfang dieses Buches?

$V\ B^5\ S\ Z$

Vitalität

Beziehungen in 5 Vernetzungen

Spitzenleistung

Zukunftsplanung

Für jeden dieser Bereiche müssen wir Menschen eine Mindestmenge an Erfolg in unserem Leben haben. Dann erreichen wir unsere Ziele und unsere Lebens-Harmonie. Haben Sie Ihre Checklisten wirklich ausgefüllt?

Wenn nicht: Jeder Tag ist für Sie zum Neustart da. Wenn ja: Wiederholen Sie es, um ständig weiter an sich zu arbeiten und sich Ihre Erfolge auch durch Schriftlichkeit bewusst zu machen.

Nun brauchen wir nur unter dem Brennglas und ganz ehrlich mit uns selbst diese vier Begriffe für unser Leben zu prüfen:

1. Wie steht es mit unserer Vitalität, was tun wir für unseren Körper, unsere Fitness und unser Charisma?

2. Wie lebendig gestalten wir unsere Beziehungen, was bedeuten uns Menschen und Freundschaften? Denken wir auch an unsere Familie, an unsere Bekannten? Sind wir auch bereit, im Mitarbeiter, im Vorgesetzten und im Kooperationspartner den Menschen zu sehen, wie er wirklich ist?

3. Sind wir mit unserem Einsatz und unserer Spitzen-Leistung zufrieden? Erfüllen uns die Ergebnisse mit Freude? Halten wir uns an sämtliche Absprachen? Geben wir täglich unser Bestes?

Die größten Ressourcen in unserer Gegenwart sind Mensch und Zeit.

Die Ressourcen Mensch und Zeit

1. Spitzenleistungen und große Erfolge beginnen beim Persönlichkeitsformat des einzelnen Menschen im Unternehmen und beim Umgang mit den Ressourcen Mensch und Zeit.

2. Erst, wenn ein Mensch in der Lage ist, seine eigenen Probleme zu lösen, strahlt er die Sicherheit aus, auch die Probleme seiner Kunden optimal in zufriedenstellende Lösungen zu verwandeln.

3. Persönlichkeits-Entwicklung darf niemals als stressiger „Tagesbefehl“ behandelt werden. Sie ist ein Prozeß, in den jeder Mitarbeiter mit seinem lebenslangen „Lernen und Ent-lernen“ integriert wird.

4. Synergetische „Kooperation“ innerhalb eines Teams und mit allen Kunden stellt den größten Wert für gemeinsame, langfristige Erfolge dar.

5. Für Mitarbeiter mit Unternehmens-Kultur-Bewusstsein ist Kommunikation kein Problem, sondern bereits die Lösung.

Unternehmens-Kultur hilft, sämtliche menschliche Ressourcen zu fördern und ebenfalls mit der Verantwortung aller Mitarbeiter die zeitlichen Abläufe zum Qualitätsfaktor zu verwandeln.

Und jetzt stellt sich der Begriff „Geschäftsfreundschaften“ schon eindeutiger vor. Er steht für Miteinander statt Gegeneinander und hilft mit seinem Anteil an Freundschafts-Kultur jedem ehrlich gemeinten Kontakt. Wie heißt es so schön: *Ein Freund sagt Dir das offen ins Gesicht, was andere nur hinter Deinem Rücken über Dich reden.*

Auch Offenheit gehört dazu. Die Dinge direkt aber konstruktiv beim Namen zu nennen. Mit allen Möglichkeiten, die uns eine faire Kommunikation zur Verfügung stellt. Ich denke an Gespräche mit „aktivem“ Zuhören, an Verbesserungsvorschläge für mehr Qualität in allen Bereichen.

Wichtig ist dabei, dass jeder Verbesserungsvorschlag auch wirklich ernsthaft für eine Umsetzung geprüft wird und dass er namentlich gekennzeichnet und bei Erfolg mit einer kleinen Prämie belohnt wird.

Die Verbesserung der Qualität lässt sich besonders durch Kleinigkeiten permanent aktivieren. Der innere Geigerzähler schlägt immer dann aus, wenn wir auf ein Problem stoßen. Und schon können wir mit dem entsprechenden Bewusstsein, das sicherlich durch einen internen Workshop besonders gut entwickelt werden kann, zu einer „Denkfabrik für Verbesserungen“ werden. Einige Verbesserungen lassen sich in einer Art Rubrik „Vorher – nachher“ sogar fotografisch dokumentieren.

Der permanente Prozess für qualitative Verbesserungen in sämtlichen Bereichen hat viel mit Freundschafts-Bewusstsein zu tun und prägt das Klima in einem Unternehmen. Auch die Verbesserungen für den Kunden sind in den Aktivitäten enthalten. Es scheint ein Rundumschlag zu sein, der allen Menschen im Unternehmen und den Kunden zu mehr Erfolg verhilft.

Und wenn wir eine eigene Definition für den Begriff „Geschäfts-Freundschaften“ finden und bereit sind, diese neuen Werte wie Zuverlässigkeit, Fairness und Harmonie in die Zusammenarbeit einfließen zu lassen, dann steht als Ergebnis das vor Ihnen, was Sie mitgetragen und zur Zufriedenheit aller Beteiligten eingesetzt haben. Dann passt folgender Satz in wunderbarer Weise:

Die Verpflichtung eines Unternehmens zur Qualität
lässt die Menschen stolz sein,
in diesem Unternehmen zu arbeiten.

Wir können die Probleme unserer Zeit nur gemeinsam bewältigen, indem wir mehr auf Qualität achten als bisher. Alles lässt sich immer weiter verbessern, wenn wir es nur wollen und es auch zu tun bereit sind.

Schauen wir uns einmal an, welche Kundenphilosophie als Qualitäts-Siegel dienlich sein könnte:

Kundenbeziehungen als Qualitätssiegel

Ein Kunde
ist die wichtigste Person in unserem Unternehmen, egal, ob er persönlich anwesend ist, uns schreibt oder mit uns telefoniert.

Ein Kunde
hängt nicht von uns ab, sondern wir von ihm.

Ein Kunde
bedeutet nicht die Unterbrechung unserer Arbeit, sondern ihren eigentlichen Sinn und Zweck.

Ein Kunde
ist keine kalte Statistik, sondern ein Mensch aus Fleisch und Blut, mit Vorurteilen, Irrtümern und menschlichen Schwächen genau wie wir.

Ein Kunde
ist nicht jemand, mit dem man ein Streitgespräch führt oder sein Intellekt misst. Es gibt niemanden, der je einen Streit mit einem Kunden gewonnen hat.

Ein Kunde
ist kein Außenstehender, sondern ein lebendiger Teil unseres Unternehmens. Wir tun ihm keinen Gefallen, indem wir ihn bedienen, sondern er tut uns einen Gefallen, wenn er uns Gelegenheit gibt, dies zu tun.

Ein Kunde
bringt uns die Chance, seine Probleme zu lösen und daran zu wachsen. Dies bedeutet tägliche Herausforderung und Erfolg für beide.

Ein Kunde
kann unser Geschäftsfreund werden, die Verbindung zu ihm eine wertvolle menschliche Bereicherung.

Ein Kunde
ist nicht immer nur der andere. Auch wir sind Kunden – auf der Post, im Supermarkt oder im Restaurant ...

Wenn wir den Kunden „menschlich“ behandeln, die Dinge mit seinen Augen sehen, oder wie die Indianer sagen „in seinen Mokassins gehen“, dann werden auch die Beziehungen der Kunden zu uns besser. Und vielleicht werden wir das klebrige Prädikat, das internationale Schimpfwort, mit der Zeit doch noch los. Sie erinnern sich? Es heißt: Service-Wüste Deutschland.

Die Bedingung für den Imagewandel zum Service-Wunder: Der Umgangsstil mit den Mitmenschen hat für alle Menschen im Unternehmen ein hohes Niveau.

Im TQM – Total Quality Management sprechen wir vom Kunden- und Lieferanten-Bewusstsein. Jeder ist Kunde und Lieferant zugleich. Wenn Sie z.B. in ein Restaurant gehen und bekommen ein anderes Gericht, als das, welches Sie bestellt haben, dann sind Sie vielleicht mit dafür verantwortlich. Denn es kann doch sein, dass Sie statt der „32“ (Bauernfrühstück) aus Versehen die „23“ (Schweinshaxe) bestellt haben. Zuerst sind wir nicht Kunde, sondern immer der Lieferant. Und zwar der Lieferant von Informationen.

Wir sind gut beraten, die beiden Gesprächsebenen „Gefühl und Sache“ möglichst transparent zu gestalten. Denn wenn die Gefühlsebene zwischen zwei Menschen nicht stimmt, dann kommt meist auch bei den Daten und Fakten nichts Vernünftiges heraus. Wir stehen uns sehr oft selbst im Weg, und das können wir alle sicherlich aus eigener Erfahrung bestätigen. Noch einmal: Perfekt werden wir nie sein, keiner von uns. Aber wir können uns ständig verbessern. Allerdings nur, wenn wir es selbst auch wollen und zum Handeln bereit sind.

Die Arbeit an sich selbst

Jede noch so gut gemeinte Motivation ist nur das an Wert, was dabei an Selbst-Motivation herauskommt. Führung ist die Aufforderung zur Selbst-Führung. Und Aktivierung muss in Selbst-Aktivierung münden, um Erfolge auf der Handlungsebene zu bewirken.

Prüfen Sie sich. Beginnen Sie bei sich.

Sie sind in erster Linie Ihr eigener Erfolgs- und Kooperationspartner. Bleiben Sie jeden Tag am Ball, und machen Sie täglich einen Check Ihres persönlichen Einsatzes, was Zuverlässigkeit, Fairness, Harmonie und Qualität angeht. Dann liegen Sie immer richtig. Wir können keinen anderen Menschen auf der Welt verändern, nur uns selbst. Und diese große Chance sollten wir alle noch intensiver nutzen. Andere Menschen können wir nur „verändert“behandeln, auf dass sie vielleicht ebenfalls „verändert“mit uns umgehen.

Harmonie als Erfolgsfaktor?

Harmonie bekommt in der heutigen Zeit eine immer stärkere Bedeutung für den Erfolg des ganzen Unternehmens – ganz einfach, weil Menschen und Unternehmen mit „echter“ Harmonie Zeit und Geld einsparen, die Qualität von Zusammenarbeit, Produkten und Dienstleistungen wesentlich erhöhen und durch Vertrauen und gelebte Verantwortung ein sicheres Fundament für die Zukunft schaffen.

Qualität gilt es ständig weiter auszubauen und permanent unter Nutzung sämtlicher Vereinbarungen für den Kunden und den eigenen Erfolg zum Einsatz zu bringen. Der Partner steht im Mittelpunkt: ob als Kunde, Mitarbeiter, Führungskraft, Geschäftsführer, Gesellschafter. Also: intern plus extern = Gesamterfolg.

In jeder Besprechung, am Telefon und im Schriftverkehr, überall wo Menschen miteinander kommunizieren, treffen verschiedene Temperamente, Denkweisen und Ziele aufeinander. Da gibt es

„Streiter“	**„Positive“**
„Alleswisser“	**„Redselige“**
„Schüchterne“	**„Ablehnende“**
„Uninteressierte“	**„Große Tiere“**
„Ausfrager“	**und viele andere mehr ...**

Es lässt sich behaupten, dass wir mit einem „Anders-Denkenden“ trotzdem fair und menschlich umgehen können, mit ihm Gemeinsamkeiten erschließen und konstruktiv zusammenarbeiten können. Wer sich das nicht zutraut, muss sich die Frage gefallen lassen, ob er nur bei schönem Wetter aus dem Hause geht, ob er überhaupt die Entscheidung getroffen hat, ein Profi zu sein. Ohne wirkliches Interesse an Menschen werden wir es zu nichts bringen. Wenn wir nur mit den Menschen zusammen arbeiten, die wir von Anfang an besonders mögen, dann werden wir zuwenige Kunden und Mitarbeiter an unser Unternehmen binden.

Für die Probleme unserer Zeit gibt es bessere Namen: z.B. Herausforderungen, Aufgaben oder Chancen. Seien Sie sich dessen bewusst: Erfolge werden von Menschen gemacht, von Menschen, die nicht nur ihren Verstand einsetzen oder Befehle ausführen, sondern die ihr Gefühl für das Erfolgsklima innerhalb und außerhalb des Unternehmens einbringen.

Wer aufhört besser zu werden, hat aufgehört, gut zu sein: Partnerschaft braucht Fairness

Fairness bedeutet: Ehrlichkeit, Einhaltung von Absprachen und Vereinbarungen, Leistungsbereitschaft, geweckten Bedarf akquirieren, Arbeit im Dienst des Kunden-Nutzens sowie für den Erfolg und somit für die eigene Karriere. Sicherlich gehören sogar Begriffe wie Konfliktfähigkeit und das Eingestehen von Fehlern dazu.

Unternehmerischer Erfolg

Unternehmerische Erfolge wie Marktführerschaft durch optimalen Kundennutzen fordern zu weiteren Höchstleistungen heraus und sind Sicherheiten für die ebenso wichtige Arbeits-Freude der gesamten Mannschaft.

Wie denkt ein Unternehmer?

Gibt es Unterschiede in der Art und Weise, wie Unternehmer denken? Das ist eine spannende Frage – wenn wir die Antwort darauf wissen, hilft uns das bei einer ganzen Reihe von Aufgaben:

⇨ Finden geeigneter Kandidaten für unternehmerische Aufgaben

⇨ Wahl des eigenen beruflichen Weges

⇨ Hinweise für die Aus- und Weiterbildung

Untersuchungen der letzten Jahre erlauben es, die Frage wenigstens teilweise zu beantworten. Diesen Untersuchungen liegt das Herrmann Dominanz Instrument (H.D.I.) zugrunde, eine Methode zur Darstellung dominanter Denkweisen. Mit Hilfe eines Fragebogens wird ein Profil erstellt, das zeigt, welche Denk- und Verhaltensweisen ein Mensch bevorzugt, nutzt oder vermeidet.

Das Modell basiert auf der Arbeitsweise unseres Gehirns und unterscheidet links- und rechtshemisphärisches sowie cerebrales und limbisches Denken. Cerebral (Großhirngesteuert) heißt hier ein Denken, das eher „im Kopf" bleibt, während ein Denken, das das limbische System repräsentiert, eher prozess- und menschenorientiert ist.

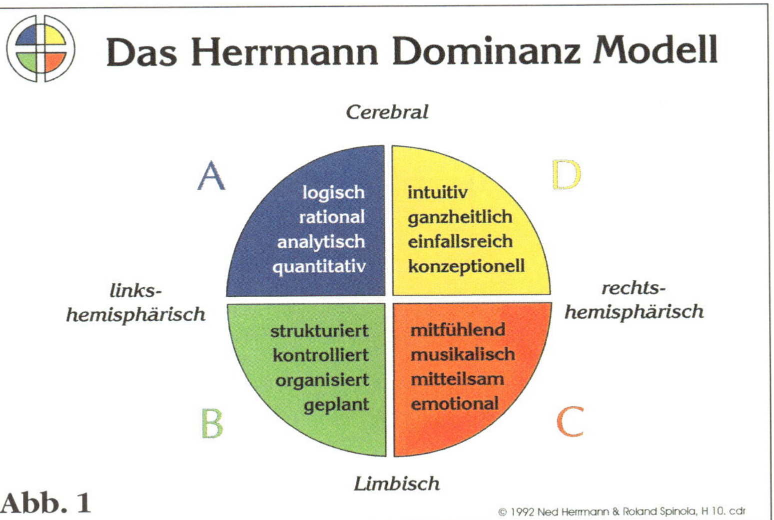

Abb. 1

So entstehen vier Quadranten (siehe Abb.1), die unterschiedliche Denkweisen charakterisieren. Jeder von uns bevorzugt seine einmalige Mischung dieser Denkweisen – das ist per se weder „gut“noch „schlecht“, sondern zunächst einmal wertfrei.

Aber es hat natürlich Konsequenzen. Wenn ich z.B. Denkweisen des D-Quadranten bevorzuge, also **Einfallsreichtum, Vertrauen in die eigene Intuition, Zukunftsorientiertheit** und **Denken in Alternativen**, dann werde ich mir, oft unbewusst, Aufgaben und Positionen suchen, bei denen ich diese Denkweisen gut einsetzen kann. Das macht mich auf Dauer erfolgreicher, zufriedener und glücklicher.

Abb. 2 zeigt ein Profil mit hoher Präferenz für den D-Quadranten. Ganz offenbar setzen bestimmte Berufe – will man sie erfolgreich ausüben – auch bestimmte Profile voraus: So erwartet man sicher von einer Krankenschwester ein sorgfältiges, gut organisiertes Arbeiten, mit Fürsorge und Mitgefühl für ihre Patienten – also Fähigkeiten, die den Quadranten B und C entsprechen.

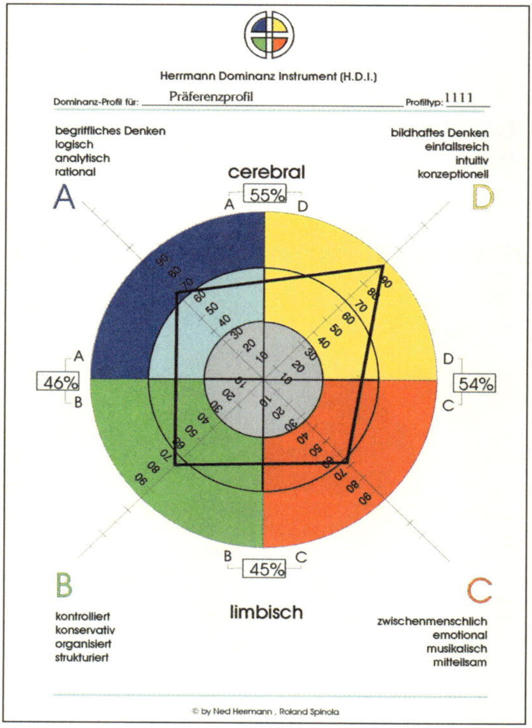

Abb. 2

Die Frage ist also: Gibt es ein typisches Unternehmer-Profil? Nach unseren Erkenntnissen kann man dies eindeutig mit „Ja“beantworten. „Unternehmerisch“ denkende Menschen gibt es natürlich sehr viele. Manager in großen Unternehmen etwa gehören meist dazu. Hier suchen wir aber nach dem Profil von Menschen, die ein Unternehmen nicht „nur“ führen – wie die Manager – sondern auch besitzen.

Die Größe des Unternehmens spielt dabei zunächst keine Rolle. Gibt es also unverzichtbare Präferenzen für den „richtigen“ Unternehmer? (In den Untersuchungen des Herrmann-Institutes geht es ausschließlich um Männer – für Unternehmerinnen ist die Datenbasis noch nicht groß genug.) Bei der Untersuchung von Denk- und Verhaltenspräferenzen von ca. 160 Unternehmern hat sich herausgestellt, dass ein hoher Wert im D-Quadranten unverzichtbar ist. Das wird bei der Betrachtung von Abbildung 2 deutlich – sie zeigt das Durchschnittsprofil von 85 Unternehmern (Bürgin-Studie). Auffallend ist der herausragende Wert im Bereich des einfallsreichen, ganzheitlichen, intuitiven, konzeptionellen Denkens.

Noch etwas anderes fällt bei der Analyse der Daten auf: Während die Werte in den drei Quadranten A, B und C breit streuen,liegen sie bei mehr als 90% der Unternehmer im D-Quadranten im Bereich der hohen Präferenz. Das ist die Bestätigung einer Schlussfolgerung, die Roland Spinola aus jahrzehntelanger Beobachtung von Unternehmern und Managern gewonnen hat: Qualifikationen des D-Quadranten sind nicht delegierbar. Dazu gehören Fähigkeiten wie z.B.:

⇨ Visionen entwickeln

⇨ Neues wagen, Risiken eingehen ohne eine Versicherung für das Gelingen zu bekommen

⇨ Der eigenen Intuition vertrauen, gegenüber Menschen und Projekten, wenn noch so detaillierte Informationen kein klares Entscheidungskriterium liefern

⇨ Ganzheitlich denken

⇨ Kreativität und Innovation selbst initiieren oder fördern.

Anderes ist delegierbar – jedenfalls teilweise und zeitweise:

⇨ Analysen, Berechnungen, Umgang mit Daten und Fakten (A-Quadrant)

⇨ Organisation, Kontrolle, finanzielles Management (B-Quadrant)

⇨ Auf andere Menschen zugehen, mit Gefühlen umgehen können – den eigenen und denen anderer Menschen (C-Quadrant)

Auch wenn diese Fähigkeiten nicht immer in der Person des Unternehmers vorhanden sein müssen – sind sie doch zu wichtig, um außer Acht gelassen zu werden. **Die Konsequenz: Er sollte sich mit einem Team umgeben, das seine „Schwächen"ausgleicht**.

Wem z.B. das Jonglieren mit Zahlen und Statistiken wenig Spaß macht, der ist gut beraten, dafür Menschen zu gewinnen, die dies mit Lust und Kompetenz tun, weil es eben ihrem Präferenzprofil entspricht.

Unternehmer haben Ihre eigene „Denke"– wenn wir uns das klar machen, können wir sie nicht nur besser beraten, sondern auch allen, die sich mit Unternehmensgründungen beschäftigen, wertvolle Hinweise geben, worauf sie zu achten haben.

Innovationskraft

Unter Innovationskraft verstehen wir nicht nur das neue Denken für die täglichen Verbesserungen, sondern darüber hinaus das dementsprechende neue Handeln. Innovations-Power beginnt beim einzelnen und mündet in Kooperations-Erfolgen mit Kunden.

Optimale Qualität

Qualität wird als bedeutender Wirtschaftsfaktor auch in Zukunft eine immer wichtigere Rolle spielen. Das gilt für alle Branchen und Berufszweige. Selbst Haftungsfragen gesellen sich dazu: Wenn ein Unternehmen z.B. beweisen muss, nach bestimmten vertraglichen Vorgehensweisen und mit vereinbarten Produkten seine Dienstleistungen erbracht zu haben.

Richtungsweisende Konzepte

Sie schaffen einen Wettbewerbsvorsprung. Wir leben in einer Zeit ständiger Veränderungen, in der die Kundenwünsche „das Kommando übernehmen“. Um diese Entwicklung so zu steuern, dass menschliche Ressourcen sowie materielle Mittel individuell zum Einsatz kommen, benötigen wir maßgeschneiderte Vorgehensweisen für die Sicherung der unternehmerischen Zukunft mit einem umfassenden Marketing wie z.B. dem wirkungsvollen „Nachfrage-Sog-System“ (siehe Interview mit Horst-Sven Berger).

11 Impulse und Zeitvorteile für Ihr individuelles Erfolgs-Management

Impuls Nr. 1: „Wohlbefinden für Körper und Geist“

Wer nicht
jeden Tag
etwas Zeit
für seine Gesundheit
aufbringt,

der muß vielleicht
eines Tages
sehr viel Zeit
für seine Krankheit opfern.

Sebastian Kneipp

Für große Erfolge benötigen wir einen vitalen Körper, also eine zufriedenstellende Gesundheit. Stress, ungesunde Ernährung, zu wenig Bewegung, schlechte Luft usw. führen oft dazu, dass unsere Lebensbatterie geschwächt wird. Überlegen Sie, was Sie für Ihre Gesundheit tun können. Entwickeln Sie ein neues Bewusstsein für Fitness und Wohlbefinden, für innere Ruhe und Ausgeglichenheit. Lernen Sie, auch einmal nichts zu tun, außer da zu sein!!!

Planen Sie Zeit für Ihren Körper ein, damit Sie fit sind oder es werden und somit auch für andere ein leuchtendes Vorbild sein können, den ganzheitlichen Lebenserfolg nicht nur anzustreben, sondern ihn auch mit dem dazugehörigen Lebensgefühl zu erfüllen.

Impuls Nr. 2: „Erfolgsfaktor Gegenwart“

Wir leben unser Leben lang immer in der Gegenwart. Nur in unserem Bewusstsein, in unserer Gedankenwelt, spielen Vergangenheit und Zukunft oft eine überlagernde Rolle. Wenn wir uns vor Augen führen, dass es viele Menschen gibt, die sich ihre Gegenwart und ihre momentane Energie rauben, dann liegt das an folgender Situation:

Sich über die Vergangenheit zu ärgern
und im gleichen Augenblick
Angst vor der Zukunft zu haben,
das nimmt uns die Schaffenskraft der Gegenwart.

Werden Sie sich bewusst, dass das, was wir in der Gegenwart verursachen, unser Leben bestimmt. Nur in der Gegenwart können wir eine erfolgreiche Zukunft vorbereiten und kreativ gestalten. Der gegenwärtige Augenblick ist der Brennpunkt unserer Wirkung und unseres Erlebens.

Nutzen Sie im Verlauf des Tages diesen Impuls, bei jeder Aktivität, in jedem Gespräch, bei Konflikten wie auch in euphorischen Momenten. Unser Leben findet von Augenblick zu Augenblick statt. Mit dem Gedanken JETZT schaffen Sie neuen Überblick für Ihre Lebensqualität.

Nehmen Sie gleich jetzt einen tiefen Atemzug, und leiten Sie damit einen kraftvollen und konzentrierten Augenblick ein. Wenn Sie sich von Tag zu Tag immer ein wenig besser steuern, dann kommen Sie täglich einen großen Schritt voran.

Impuls Nr. 3: „Qualität vor Quantität, Klasse vor Masse“

Der Mensch in unserer heutigen Gesellschaft wird von allen Seiten mit Informationen überschüttet. Werbung, Presse, Fernsehen, Computer, Internet, Radio, Gespräche und Missverständnisse, Eigendialoge in der Gedankenwelt und vieles mehr rütteln täglich an unseren Nerven. Eine gesunde, persönliche Weiterentwicklung lässt sich nicht über ein „noch mehr“ an Informationen, sondern eher über ein „gezieltes“ Selektieren erreichen.

Qualität ist, was wir täglich tun.

Wenn es uns gelingt, die jeweilige Aktivität, mit der wir beschäftigt sind, einmal und richtig zu tun, dann sparen wir jeden Tag viel Zeit.

Es ist eine Kunst, das Richtige zu erkennen
und mit den richtigen Menschen
im richtigen Augenblick
auf richtige Weise
richtig zu machen ...

Impuls Nr. 4: „Kein Streß am Morgen"

Wer den ersten Knopf verfehlt,
kommt mit dem Zuknöpfen nicht zu Rande.

Goethe

Vermeiden Sie jede Form von negativem Stress am Morgen!

Beginnen Sie Ihren Tag mit Ruhe und positiven Gedanken. Stimmen Sie sich auf Ihren Tag ein (Frühsport, Spaziergang, Tagesleitsatz, Mini-Selbst-Seminar, harmonische Musik für Ihren Tagesrhythmus).

Ein guter Start in den Tag kann Ihnen helfen, innere Ruhe zu gewinnen und zu erhalten. Ihre Aufgaben und menschlichen Kontakte erhalten Verbindlichkeit und Qualitäts-Ergebnisse.

Und denken Sie daran, sich vor wichtigen Entscheidungen kurz zu entspannen. Unter Druck denken, sprechen und handeln wir anders, als im Zustand einer inneren Harmonie.

Zusatz-Impuls:

Ziehen Sie sich dreimal (über den Tag verteilt) für jeweils fünf Minuten zurück. Setzen Sie sich auf einen Stuhl. Gehen Sie in Gedanken an einen Ort der Entspannung (zum Beispiel ans Meer, an eine Waldlichtung oder in eine Kaminecke) und tanken Sie „bewegungslos"(Atmung und Herzschlag bleiben natürlich erlaubt) neue Energie.

Die besten Zeiten für diese Übung sind morgens vor Arbeitsantritt, nach der Mittagspause, vor wichtigen Besprechungen/Konferenzen sowie noch einmal vor den Abendterminen (beruflich/privat).

Wer sagt, er habe die Zeit dafür nicht, wird bald viel Zeit aufwenden müssen, um Missverständnisse zu klären, unnötige Fehler in Arbeitsvorgängen zu finden und sie zu korrigieren. Denn niemand kann sich ohne Phasen der Entspannung den ganzen Tag voll und ganz auf Wichtiges und Dringendes konzentrieren.

Impuls Nr. 5: „Seien Sie konsequent"

Konsequent sein bedeutet „folgerichtig" zu denken, zu sprechen und zu handeln. Das Wort Konsequenz wird oft mit „Härte"verwechselt. Hart sein kann ungerecht sein. Folgerichtig zu agieren schafft Zuverlässigkeit. Und das muss ein Ziel sein, Absprachen einzuhalten, ohne immer das Kleingedruckte in Verträgen zu bemühen. Das Wort muß wieder mehr Gültigkeit besitzen. Vorbild werden wir nur mit Konsequenz in unserer persönlichen Wirkungskraft.

Ein inkonsequenter Mensch
hat in seinem Leben
die meisten Konsequenzen zu tragen.

Setzen Sie Ihre Prioritäten für HEUTE:

- Was ist Ihnen heute wirklich wichtig?
- Welche Herausforderungen stellen sich Ihnen heute?
- Was bedeutet heute für Sie Pflicht, was Kür?
- Welchen Menschen begegnen Sie heute?
- Welches Tagesziel begleitet Sie heute?
- Auf welches Ihrer langfristigen Ziele können Sie heute einen Schritt zugehen?
- Wem möchten Sie heute danken?
- Bleiben Sie heute konsequent an Ihren Aufgaben?
- Können Sie heute auch einmal Nein sagen, wenn Sie jemand mit „Unwichtigem"stört?

Impuls Nr. 6: "Nutzen Sie Ihre Flexibilität"

Legen Sie bei Ihrer Tagesplanung Anfangs- und Endzeiten fest. Bestimmen Sie den Beginn, den Verlauf und das Ende Ihrer Aktivitäten. Bleiben Sie dennoch flexibel. Die Gunst des Augenblicks steckt als Erfolgsfaktor in jedem Tag. Und verplanen Sie nicht den ganzen Tag. Halten Sie Zeiträume offen für Unvorhergesehenes und Routinearbeiten.

Zwei ganz besonders wertvolle Elemente
im Umgang mit unserer
ganzheitlichen Lebenszeit sind:

Flexibilität sowie
das Erkennen und Nutzen
einer Gunst des Augenblicks.

Wofür ist heute der richtige Zeitpunkt?

Was habe ich gestern gelernt?

Welche Konsequenzen ergeben sich daraus?

Wie setze ich meine Intuition ein?

Impuls Nr. 7: „Die Kunst des Delegierens“

Delegieren heißt kooperieren, geben und nehmen für eine erfolgreiche Zusammenarbeit.

R. Arndt

Allein können Sie gut sein. Aber erst im Zusammenwirken mit anderen werden Sie „Spitze“und an die „Spitze“gelangen oder dort bleiben können.

Lassen Sie sich bei der Bewältigung Ihrer Aufgaben helfen. Erlernen Sie die Kunst des Delegierens. Motivieren Sie Ihr direktes Umfeld positiv mit Teamgeist.

Von großer Bedeutung beim Delegieren ist die Aufgabenerfüllung:

- Wer ?
- macht was?
- mit wem?
- bis wann?
- und hat es dann auch termingerecht,
- qualitativ und quantitativ erledigt?

Die Erfolgssteuerung (oft auch Kontrolle genannt) greift dann am besten, wenn sie als Selbst-Kontrolle des Mitarbeiters genutzt wird.

Sie können zwar Aufgaben delegieren, aber nicht die Verantwortung, dass diese auch wirklich erledigt werden. Ein Meister in Sachen Motivation hat es leichter beim Delegieren.

Zusatz-Impulse:

- Motivieren Sie andere zum Ergebnis einer *Selbst-Motivation*?

- Führen Sie Ihre Mitarbeiter zur *Selbst-Führung*?

- Aktivieren Sie andere Menschen zur *Selbst-Aktivierung*?

- Delegieren Sie an andere mit dem Ergebnis der *Selbst-Kontrolle*?

Impuls Nr. 8: „Arbeiten Sie in Arbeitsblöcken“

Fassen Sie bestimmte Aktivitäten zusammen. Arbeiten Sie z.B. bei Telefonaten, bei Ihrer Korrespondenz, bei Kurzbesprechungen oder Besorgungen, anläßlich Ihrer Termine im Büro oder außer Haus in Arbeitsblöcken.

Denken Sie an das Sprichwort:

Gleich und gleich gesellt sich gern.

Dieser Satz gilt auch für Aktivitäten und Termine. Sorgen Sie für Konzentration innerhalb eines Arbeitsblocks. Wenn Sie sich wirklich genau auf die jeweilige Aufgabe konzentrieren, ersparen Sie sich oft eine Zeitverschwendung durch das Wiederholen der gleichen Tätigkeit. Denn wer viele Flüchtigkeitsfehler begeht, der muss einfach zuviel zusätzliche Zeit investieren, um einwandfreie Ergebnisse zu erzielen. Denken Sie daran:

1 Stunde Zeitvorteil pro Arbeitstag bedeutet
200 Stunden pro Jahr und das sind fünf 40-Stunden-Wochen!

Wenn wir unser Zeitmanagement effektiv und effizient anlegen wollen, versteht es sich von selbst, dass wir dies schriftlich tun. Alle Aufgaben, Aktivitäten und Termine werden notiert, meist in einem Kalenderwerk. Seit vielen Jahren nennen wir es **Zeitplanbuch**, aber auch der Begriff **Lebensplanbuch** kommt diesem „Ziel-Realisierungswerk“ sehr nahe.

Impuls Nr. 9: „Schluss mit der Aufschieberitis“

Viele Aufgaben und Aktivitäten, die wir nicht besonders gern erledigen oder nicht den richtigen Zeitpunkt dafür finden, rutschen leicht in die Gefahr, aufgeschoben zu werden. Und wenn wir etwas aufschieben, schieben wir es vor uns her. Sie kennen das Sprichwort: „Aufgeschoben ist nicht aufgehoben“?!

Wenn Sie eine einfache Sache
zum Problem machen möchten,
schieben Sie sie doch einfach auf.

So verwandeln Sie die Gefahr der Aufschieberitis in Handlungs-Impulse:

1. Telefonieren Sie spontan in der Angelegenheit.

2. Faxen Sie z.B. eine betreffende Unterlage an jemanden, der mit diesem Projekt ebenfalls zu tun hat.

3. Delegieren Sie die Aufgabe oder eine Teil-Aktivität.

4. Vereinbaren Sie sofort einen festen Termin für die Erledigung, und tragen Sie ihn in Ihr Zeitplanbuch.

5. Schaffen Sie neue Übersicht durch eine 5-Minuten-Entspannung, und entscheiden Sie dann, wie Sie vorgehen möchten.

6. Überlegen Sie genau, ob Sie die Angelegenheit überhaupt weiter verfolgen möchten. Wenn NEIN, schenken Sie den Vorgang der Ablage oder dem besten Freund des Menschen, dem Papierkorb.

7. Oder Sie vereinbaren einen konkreten Termin mit einem Ansprechpartner, um gemeinsam in der Angelegenheit voranzukommen.

Impuls Nr. 10: „Nutzen Sie das Pareto-Prinzip“

Der richtige Schritt in die richtige Richtung wird zum Meilenstiefel!

R. Arndt

Der Italiener Vilfredo Pareto hat durch eine Reihe von Untersuchungen festgestellt, daß sich ein Verhältnis von 20 : 80 in vielen Fällen auf Ergebnisse übertragen läßt. Z.B. dass 20% der Bevölkerung 80% des nationalen Reichtums besitzen, oder dass 20% der Außendienstmitarbeiter eines Unternehmens 80% des Umsatzes erreichen.

Auf die Zeit übertragen können wir davon ausgehen, daß wir mit 20% unseres Arbeitseinsatzes 80% unserer Ergebnisse erzielen.

Wahrscheinlich werden in 20% der Zeit von Konferenzen und Besprechungen 80% der Entscheidungen getroffen.

Übertragen Sie das Pareto-Prinzip auf Ihre persönliche Situation:

- Welche sind Ihre „20%-Aufgaben“, die 80% Ihrer Ergebnisse bringen?
- Wie können Sie die 80% der Zeit (für die restlichen 20% der Ergebnisse) besser managen?
- Wie können Sie das Pareto-Prinzip für Ihre Mitarbeiter nutzen?
- Wie können Sie das Pareto-Prinzip in Ihrem Privatleben einsetzen?

Impuls Nr. 11: „Ganzheitliche Lebens-Ziele“

Es geht um Ihren Weg im Leben,
damit er Ihrem Wesen entspricht,
Ihren Stärken gerecht wird
und Sie Ihre Entfaltung optimal nutzen.

1. Der Beruf

Unser Beruf ist der Mittelpunkt unseres Lebens. Wir erhalten Anerkennung, können uns und anderen einen Nutzen bieten und verdienen Geld für das Einrichten des Lebensstandards.

Schaffen Sie Erfolge durch Kreativität,
Kommunikation, Effektivität und Effizienz.

2. Die Familie

Unsere Familie braucht uns und hat ein Anrecht auf gemeinsame Zeit mit uns. Unsere Familienmitglieder können uns Kraft geben. Wir helfen uns gegenseitig und begleiten uns durch das Leben.

Planen Sie genügend Zeit für Ihre Familie ein.

3. Die Gesundheit

Gesundheit ist nicht alles, aber ohne Gesundheit ist alles nichts.

Tun Sie rechtzeitig etwas für Ihre Gesundheit.
Decken Sie Ihren Bedarf an frischer Luft, genügend
Bewegung, richtiger Ernährung und aufbauenden Gedanken.

4. Die Freizeit

In der Freizeit finden wir den Ausgleich zum Beruf. Pflegen Sie diese Zeit. Vielleicht besitzen Sie ein interessantes Hobby. Lieben Sie Musik, Theater, Kurzreisen, Sport, Lesen, romantische Stunden am Kamin usw.?

Schaffen Sie sich gezielt einen Ausgleich zum Berufsleben, und planen Sie diesen Bereich fest mit ein.

5. Das positive Umfeld (Freunde)

Erfolgreiche Menschen ziehen auch erfolgreiche Menschen an. Vielleicht sind Sie im Tennis-Club oder Kegelverein in Ihrer Stadt Mitglied. Oder Sie veranstalten regelmäßig Abende oder Wochenenden mit Ihrem Freundeskreis.

Schaffen Sie sich ein positives Umfeld mit echten Freunden und einem Kontaktkreis von Menschen, auf die Sie sich verlassen können und die sich durch die Verbindung zu Ihnen bereichert fühlen.

Marktchancen durch USP

Was ist ein USP? Ein USP (Unique Selling Proposition) ist ein Vorteil, den nur Sie Ihren Kunden bieten! Eine unverwechselbare Leistung Ihres Unternehmens. Es gibt verschiedene Ebenen für USPs, z. B in den Bereichen:

- Unternehmenskultur
- Kundendienst
- Umweltschutz/Umweltfreundlichkeit
- Wiederverwendbarkeit
- lange Lebensdauer/Energiesparsamkeit
- 24 Std.-Service
- Kundenfreundlichkeit
- individuelle Betreuung
- Kundenclubs, Geschäftsfreundschaften
- Kundenseminare
- Informationsvernetzung
- Einladung des Kunden zur Jahrestagung
- Einbeziehung des Kunden bei Produkt- oder Dienstleistungsoptimierung
- Kulante Reklamationsbearbeitung
- optimales Preis-Leistungs-Verhältnis
- Qualitätsmanagement
- kontinuierlicher Verbesserungsprozess
- Entwicklungsvorgang
- Innovation
- Kooperations-Stärke

Wenn Sie genau wissen, was sich der Kunde wünscht, und bereit sind, mit Ihren Mitarbeitern Spitzenleistungen jeden Tag neu zu definieren und auch zu erbringen, erhöhen Sie Ihre Chancen für mehr Aufträge, bessere Qualität, motivierte Mitarbeiter und begeisterte Stammkunden um ein Vielfaches.

Die bedeutendsten USPs empfinden wir vielleicht im Bereich der persönlichen Beziehung, in der „menschlichen Verbindung als Erfolgsfaktor", z. B. durch Freundlichkeit, Offenheit, Empathie, Eingehen auf individuelle Fragen, aktives Zuhören, Zuverlässigkeit, Ehrlichkeit, persönlichen Einsatz sowie die Größen Motivation, Fairness, Vertrauen und Harmonie.

Sicherlich benötigt dies Zeit. Aber es ist unsere Aufgabe, Zeit für die Lösung von Kundenproblemen einzusetzen, um über den entstehenden Nutzen ebenfalls persönlichen sowie wirtschaftlichen Erfolg zu erreichen. Das macht Sinn, in einer Zeit, wo viele Menschen die Sinnfrage stellen.

Ein Team ist mehr als die Summe seiner Mitglieder

In vielen Unternehmen wurde der Team-Gedanke trendmäßig umgesetzt. Oftmals sieht aber das, was den großen Erfolg bringen soll, noch ziemlich unbeholfen aus. Dabei ist, was für viele Anwender, ob Mitarbeiter oder leitender Angestellter, besonders wichtig und ohne Anleitung ebenso schwierig scheint, zu lösen.

Einerseits muss jedes Team erst einmal das Team-Bewusstsein schaffen (für die Vernetzung von Mitarbeitern und Aufgaben zur gemeinsamen Erfolgssteuerung und Zielerreichung). Hierzu ist es wichtig, den Team-Geist und das Wir-Gefühl zum Beispiel durch eine offene Kommunikation als Grundvoraussetzung zu finden.

Die Mitglieder sollten die eigenen Stärken und Schwächen kennen und sich auch untereinander als ganzheitliche Menschen sehen. Die Team-Intelligenz spielt bei der Team-Positionierung eine ebenso große Rolle wie die Team-Kritik-Fähigkeit. Schließlich müssen die Team-Ziele auch von vornherein festgelegt sein, so dass jedes Team-Mitglied weiß, wohin es mit dem Team „steuern" soll.

Neben den sogenannten „weichen Faktoren“muss jedes Team für sich eine Team-Technik entwickeln, die zur Zielerreichung führt. Hierbei spielen Faktoren wie eine gemeinsame Sprache, Zuverlässigkeit, aktives Zuhören und Kompetenz der einzelnen Team-Mitglieder eine Rolle. Um mit einer gemeinsamen Erfolgsstrategie Projekte auch zu Ende zu führen, gibt es einige „Verhaltensregeln“, die für jedes Team-Mitglied gelten und unbedingt zu beachten sind:

- auf andere zuzugehen, statt zu warten, bis es die anderen tun;
- Aufgaben partnerschaftlich zu verteilen;
- Besprechungen ohne hierarchische Leitung durchzuführen;
- in Einzelgesprächen, Sitzungen und Konferenzen intensiv und „aktiv“ zuzuhören;
- innerhalb des Teams den Mut aufzubringen, seine ehrliche Meinung zu sagen;
- mit der Meinung der Team-Kollegen respektvoll umzugehen;
- Interessenkonflikte sachlich selbst auszutragen (ohne „Richter“);
- Lob und Impulse zur Verbesserung als Vorbild anzubringen;
- sich immer über Einzel- und Gruppenverantwortung klar zu sein;
- Mitverantwortung für Ergebnisse zu tragen, die von anderen mitbeeinflusst werden.

Aktivieren Sie Verbesserungsprozesse – 10 Impulse für erfolgreiche Kundenbeziehungen

1. Qualität sichern

Stellen Sie jeden Tag sicher, dass Ihre Produkte und Dienstleistungen sowie Ihr Service immer mehr Qualität erreichen und der Kunde die wichtigste Person in Ihrem Unternehmen ist.

2. Durch Beziehungsaufbau zur Unternehmens-Zukunft

Verankern Sie in Ihrem Unternehmens-Leitbild ein individuelles Nutzen-Management. „Kunden zu finden" ist passé, das Gebot der Gegenwart heißt „Beziehungs-Aufbau". Werden Sie und Ihre Mitarbeiter zu Beziehungs-Managern und gestalten Sie mit diesem Anspruch Ihre Unternehmens-Zukunft.

3. Serviceorientierung total

Rufen Sie Ihren Kunden an und berichten Sie von Ihren ständigen Service-Optimierungen. Bitten Sie um Anregungen, und setzen Sie die Kundenwünsche im Servicebereich zuverlässig um. Werden Sie der Partner Ihrer Kunden.

4. Weiterempfehlung eröffnet Märkte

Immer wenn Sie Kunden-Erwartungen übertreffen, wird das Gesetz der Mundpropaganda für Sie wirksam. Ihre begeisterten Kunden führen Ihnen neue Interessenten zu, aus denen dann begeisterte Stammkunden werden können. Lösen Sie immer und überall aktive Weiterempfehlungen aus.

5. Sichern sie sich durch USPs Kunden

Gestalten Sie für Ihre Kunden USPs (unique selling proposition). Das sind einmalige Vorteile, die Ihre Kunden nur bei Ihnen erhalten. Z. B. in den Bereichen: Kunden-Informations-Systeme und regelmäßige Kunden-Seminare, Einladung zur Jahrestagung usw.

6. Ideen- und Informations-Management gestalten

Gestalten Sie ein intensives Ideen- und Informations-Management. Bauen Sie Geschäftsfreundschaften auf, und interessieren Sie sich auch für den „Menschen" im Kunden, für seine Hobbys, Familie, private und berufliche Ziele sowie das private und berufliche Umfeld.

7. Das Ziel: die Nr. 1 zu werden

Nutzen Sie jede Gelegenheit, Ihre Produkte und Dienstleistungen positiv ins Gespräch zu bringen. Auch über neue Medien wie Internet bieten Sie individuelle Lösungen für die brennendsten Kundenprobleme in Ihrer speziellen Branche. Werden Sie die Nr. 1 für Ihre Kunden.

8. Gemeinschaftserlebnisse schaffen

Veranstalten Sie eine Kunden-Gala, und laden Sie dazu auch die Freunde Ihrer Kunden sowie Kooperationspartner ein. Schaffen Sie ein Gemeinschaftserlebnis, um in Ihren Kunden das Stammkunden-Bewusstsein zu festigen und Ihre Abteilung Empfehlungs-Management ständig weiter auszubauen.

9. Beziehungs-Netzwerke aufbauen

Bauen Sie Beziehungs-Netzwerke auf. Vernetzen Sie auch Kundengruppen miteinander. Gründen Sie einen „Kunden-Club"mit bestimmten Vorteilen für die Mitglieder. Schaffen Sie über Brief, E-Mail, Fax, Telefon und Internet Dialoge mit Kunden und Interessenten. Handeln Sie nach dem Motto: „Tue Gutes und sprich darüber."

10. Für Kundenerfolge einsetzen

Entwickeln Sie ein besonderes Interesse an Menschen und deren Zielen. Werden Sie zum Spezialisten für „Zielerreichung" in Ihrer Branche. Veröffentlichen Sie Artikel in der Presse, halten Sie Referate, mischen Sie mit bei Podiumsdiskussionen, treten Sie in seriösen Talkshows auf, und schreiben Sie ein Buch für Ihre Kunden und Interessenten. Werden Sie eine Persönlichkeit, die bereits in den ersten Sekunden Erfolg ausstrahlt und sich täglich für größte Kunden-Erfolge einsetzt.

Erfolg durch Empfehlungs-Management

Empfehlungen sind die größte Macht in der Kommunikation.

Wünschen Sie sich auch mehr Empfehlungen für Ihr Neukundengeschäft und die Sicherung Ihres Unternehmens-Erfolges? Möchten Sie leichter und schneller wertvolle Kontakte aufbauen, um (Stamm)-Kunden und erstklassige Kooperationspartner kennenzulernen?

Leider haben immer noch zu viele Unternehmen zu wenige Empfehlungen. Sie setzen alle Hoffnungen auf die klassische Werbung und vergeben oft die großen Möglichkeiten der Mund-zu-Mund-Propaganda. Aktuelle Chancen für Spitzenumsätze und die Expansion des Unternehmens bleiben zu oft ungenutzt. Ein professionelles Empfehlungs-Management schafft oft kurzfristig Ergebnisse, die teilweise verblüffen und eine neue Anziehungskraft im Markt entstehen lassen.

Empfehlenswerte Produkte und Dienstleistungen setzen im Zusammenhang mit einer gezielten Kundenkommunikation genau an diesem Punkt an und verwandeln den Empfehlungskreislauf (qualitativ und quantitativ) in eine sprudelnde Quelle des dauerhaften Unternehmens-Erfolges.

In der heutigen Zeit spricht niemand mehr nur von „Kunden“, sondern von „Kunden-Beziehungen“. Es geht darum, Verbindungen herzustellen, zu pflegen und sie aufgrund von Spitzenleistungen zu multiplizieren. Der Kunde wird Nutznießer und Werbeträger in einer Person. Der Kunde ist der wichtigste Partner „innerhalb“des Unternehmens. Nur wer den Weg zum Kunden „mit dem Kunden“ sucht, wird für beide Seiten Gewinne erzielen und einen bedeutenden Beitrag zum langfristigen Unternehmens-Erfolg leisten.

Langsam aber sicher scheint sich auch bei uns ein Bewusstsein für ein anspruchsvolles und erfolgreiches Empfehlungs-Management zu entwickeln. Viele Unternehmen denken neu und gemeinsam über das Erfolgs-Thema nach. Zum Beispiel firmen-intern in einem Workshop, um zielsicher und schnell sämtliche Vorteile dieser äußerst wirksamen und kostengünstigen Wege zu neuen Kunden zu gehen.

Testen Sie die Qualität Ihrer Kundenbindungen

Steigern Sie Ihr Kunden-Bewusstsein über das Sammeln von Informationen über Ihre Kunden. Ich habe nachfolgend für Sie einen kleinen Test vorbereitet, der Ihnen schnell hilft, ein Gefühl dafür zu entwickeln, wie intensiv Sie Ihre Kunden kennen und wie Ihre Kunden zu Ihnen stehen.

Der Prozess heißt also: Kontakt für mehr Informationen.

1. Welche Informationen besitzen Sie wirklich über Ihre Kunden?

2. Arbeiten Sie mit einem EDV-Kunden-Informationssystem?

3. Wie häufig haben Sie „nach dem Verkauf" Kontakt zu Ihren Kunden?

4. Interessieren Sie sich auch für die persönlichen Interessen Ihrer Kunden, z.B. deren Hobbys, Familie, private und berufliche Ziele?

5. Wer hat in Ihrem Unternehmen Zugriff zu den Kundendaten?

6. Informieren Sie Ihre Kunden auch über Video, Audio, Internet oder andere neue Medien? Wie präsentieren Sie die Nutzen, die Sie bieten?

7. Wie bauen Sie persönlich Ihre Kundenbeziehungen auf und aus?

8. Arbeiten Sie mit Beziehungsnetzwerken und Zielgruppenbesitzern zusammen?

9. Veranstalten Sie mit diesen Kooperationspartnern z.B. eine Kunden-Gala oder ein Kunden-Seminar?

10. Beziehen Sie die Ideen Ihrer Kunden in die Entwicklung Ihrer Produkte und Dienstleistungen ein?

11. Wie erleben Sie Kundenzufriedenheit und Kundenbindung?

12. Sprechen Sie Ihre Kunden auf Empfehlungen an?

13. Kennen Sie das brennendste Problem Ihrer Kunden?

14. Treffen Sie sich ab und zu auch privat mit bestimmten Kunden?

15. Welche Ihrer Kunden bezeichnen Sie als Geschäftsfreunde?

Machen Sie sich immer wieder bewusst, dass Ihre Kunden sich wünschen, von Ihnen und Ihrem Unternehmen „auffallend angenehm anders als von allen anderen“ behandelt, bedient und gepflegt zu werden. Nutzen Sie diese Checkliste ebenfalls immer wieder in Meetings, inspirieren Sie Führungskräfte und Mitarbeiter zu noch mehr Kunden-Orientierung. Starten Sie nicht nur eine neue Art von Mitarbeiter-Gespräch, sondern qualifizieren Sie auch alle Mitarbeiter Ihres Hauses für das erfolgreiche Kunden-Gespräch, persönlich oder per Telefon.

Das pure Wissen um diese elementaren Chancen allein reicht nicht aus. Wir sollten nach „Können und Einsatz“ streben. Es gibt viel zu tun, nutzen wir unsere unbegrenzten Möglichkeiten für unseren Unternehmens- und Lebens-Erfolg. Und vergessen wir nie, dass es auch viel zu lassen gibt. Trennen Sie sich von Umständlichkeiten in der Kommunikation mit sich selbst und anderen Menschen. Erfolg wird dadurch leicht und leichter.

Coaching als Erfolgsfaktor für Mensch und Unternehmen

Ressourcen-Management macht Sie zum Manager von Nutzen und Ertrag

Warum haben so viele Führungskräfte und Mitarbeiter das Gefühl, in ein Motivationsloch zu stürzen? Weil das neue Denken von *Wirtschaft und mehr Menschlichkeit für mehr Qualität* leider noch das neue Handeln vermisst! Dieses erreichen wir nur durch Motivation zur *Selbstmotivation*, Führung zur *Selbstführung* und Aktivierung zur *Selbstaktivierung*.

Hinzu kommt, dass sich Menschen in bestimmten Positionen mit ihren Gedanken, Ängsten, Entscheidungen und Erfolgen ziemlich allein fühlen. Gewinnen auch Sie Übersicht und starten Sie neu durch: *mit Ihrem persönlichen „Coaching-Impuls-System"*.

Ihr Nutzen (persönlich/unternehmerisch):

1. Sie können endlich einmal „laut denken" und Ideen für Ihr neues Durchstarten strategisch aufbereiten.

2. Sie erkennen Ihr menschliches Potential für Zusammenarbeit und Kooperation.

3. Sie gewinnen und nutzen ab sofort eine neue Konsequenz im Umgang mit sich und anderen.

4. Sie erleben wieder neue Freude am Schaffensprozess.

5. Durch Checklist- und Audiobegleitung sind Sie Ihren neuen Zielen 100%ig auf der Spur.

6. Durch Telefon-Coaching sind Sie jederzeit in der Lage, Verständnis und Impulse „anzuzapfen".

7. Durch gesteigerte Kompetenz sind Sie ebenfalls den „Konkurrenten" immer einen Schritt voraus.

8. Und auf einem neuen Fundament sichern Sie mit dem „Coaching-Impuls-System“ Ihre persönliche Zukunft.

Coaching schafft Zielklarheit

Coaching ist ein gemeinsamer Prozess, der Klarheit über Problemstellungen, Ziele, Wege, Schritte und Entwicklungen verschafft. Der Klient steht mit seinen Gedanken und Befindlichkeiten im Mittelpunkt – der Coach nimmt sich selbst zurück und steht dem Klienten mit seiner Wahrnehmung, aktivem Zuhören, Intuition und Feedback helfend zur Seite.

Der Coach als mentaler Partner

Der Coach kann dem Klienten keine Entscheidungen abnehmen, aber er unterstützt ihn einfühlsam, damit der Klient selbst individuell und eindeutig die gewünschten Entwicklungen verursachen kann.

Coaching ist eine mentale und vertrauensvolle Verbindung zum Nutzen von Mensch und Unternehmen, durch persönliche Weiterentwicklung sowie die Beseitigung von Blockaden für folgende Herausforderungen:

- Veränderungen im Beruf optimal meistern
- Durchsetzung von eigenen Standpunkten
- Lebensqualität für Beruf(ung) und Privatleben
- Konfliktlösung mit Mitarbeitern, Kooperationspartnern
- Bewältigung tiefgreifender Prozesse
- Suche nach Sinn und neuen Zielen – vom Erkennen über das Wollen zum TUN

Coaching räumt im Geist auf, öffnet die Fenster ganz weit für den frischen Wind in unserem Bewusstsein. So erkennen wir neue Perspektiven und praktische Schritte, um mit Freude in unserem Leben neu durchzustarten und mit Energie und Zuversicht größte Ziele zu erreichen.

Beziehungs-Erfolg von A bis Z

Es folgt für Sie das A-Z des Beziehungs-Erfolgs. Hier finden Sie Impulse in zusammengefasster Form wie in einem Nachschlagewerk. Der ganzheitliche Mensch wird immer einen Weg finden, sich zu stärken und aktiv sein Beziehungs-Universum qualitativ und quantitativ zu erweitern. Aber eines muss uns auch klar sein: Wir können nicht unbegrenzt neue Verbindungen aufbauen, die wir zu echten Freundschaften weiterentwickeln und pflegen. Dazu reichen unsere täglichen 24 Stunden nicht aus.

Entscheiden Sie weise, mit welchen Menschen Sie Ihre kostbare Gegenwart teilen, gemeinsame Ziele anstreben und ein Stück des Lebensweges gehen möchten. Einige Verbindungen sind kurzfristig, andere lebenslang angelegt. Den Start einer Beziehung können Sie bestimmen, für die Beendigung spielt der Partner der jeweilien Beziehung ebenfalls eine entscheidende Rolle.

Manchmal schleichen sich Beziehungen auch sehr lange über den Boden der Angst, dieselbe zu beenden. Ein Ende mit Schrecken mag hier im Einzelfall besser sein als ein Schrecken ohne Ende. Wählen Sie selbst aus. Sie sind der Macher Ihrer Entscheidungen.

Wie bereits zuvor erwähnt, ist Coaching nicht nur die „angeleitete", persönliche Erfolgssteuerung, sondern es zeigt den individuellen

Weg vom Selbst-Bewusstsein zur aktiven Selbst-Führung. Coaching baut innere Widerstände ab, stärkt die Persönlichkeit und befreit somit das Erfolgspotential des einzelnen Menschen (auch) in der Partnerschaft zu anderen Menschen.

A = Aktivierung statt Angst

Gegenwart als Erfolgsfaktor: „Sich über die Vergangenheit zu ärgern und im gleichen Augenblick Angst vor der Zukunft zu haben, das nimmt uns die Schaffenskraft der Gegenwart.“Machen Sie sich bewusst, dass die Art und Weise, wie wir etwas in der Gegenwart verursachen, unsere Zukunft bestimmt. Wofür benötigen Sie HEUTE größte Aktivierung? Wie können Sie andere Menschen bei ihrer Konzentration auf das Wesentliche aktiv unterstützen? Wie können Sie sich für die Befreiung von der Angst in unserer Gesellschaft einsetzen? Machen Sie sich immer wieder bewusst, dass Sie ausschließlich in der Gegenwart „von Augenblick zu Augenblick“leben und nur im HEUTE Erfolge planen, vorbereiten und aktivieren können.

B = Bewusstsein

Das neue Bewusstsein für unseren Lebenserfolg zeigt uns immer mehr auch durch den Selbst-Lernprozess z. B. aus Büchern den Weg „vom Wollen zum Tun“.

Das bedeutet, sich von der Aufschieberitis komplett zu verabschieden. „Probleme sind Chancen in Arbeitskleidung.“Nutzen Sie Ihre Intuition und Spontaneität für eine neue Arbeits- und Lebens-Qualität.

„Zu langsam“ kann ebenso wenig das Ziel sein, wie „zu schnell“. Eine hohe Geschwindigkeit bei Arbeitsabläufen benötigt immer die Sicherheit der Qualität, damit die Aufgaben nicht ein zweites Mal bearbeitet werden müssen. Johann Wolfgang von Goethe sagte: „Es genügt nicht zu wissen, man muss es auch anwenden. Es genügt nicht zu wollen, man muss es auch tun.“Schärfen Sie ständig Ihr Handlungs-Bewusstsein.

C = Chancen

Um die großen Chancen in unserer Zeit für Unternehmens-Erfolge permanent zu nutzen, benötigen wir die Stärken sämtlicher am Unternehmens-Prozess beteiligten Menschen. „Jeden Tag ein bisschen besser"!! Diesen Anspruch können Führungskräfte und Mitarbeiter glaubhaft umsetzen, in einem gemeinsamen Erfolgs-Prozess mit „internen und externen"Kunden, Lieferanten und sämtlichen Kooperationspartnern.

D = Durchsetzungskraft

Täglich müssen wir uns neuen Herausforderungen stellen. Es gilt, Veränderungen im Beruf optimal zu meistern, eigene Standpunkte zu beziehen und mit Durchsetzungskraft und der richtigen Strategie zum Erfolg zu führen. So steigern wir unsere Lebensqualität für Beruf(ung) und Privatleben.

Auch für das Bewältigen von Konfliktlösungen mit Mitarbeitern, Kooperationspartnern und weiteren Kontaktpartnern benötigen wir Einfühlsamkeit und Durchsetzungsenergie.

Auf der Suche nach dem Sinn unseres Lebens und neuen Zielen gehen wir den Weg vom Erkennen über das Wollen bis hin zum Tun. Aber nicht immer reicht das eigene Ideenpotential aus, nicht immer führen unsere eigenen Wege zu einer effektiven Problemlösung. Setzen Sie Ihre guten Ideen mit anderen zum Vorteil aller erfolgreich um.

E = Erfolgssteuerung

Eine firmeninterne Erfolgssteuerung stellt sicher, dass Ihr Unternehmen mit allen Mitarbeitern durch den Abbau innerer Widerstände vom Bewusstmachungsprozess, über die Realisierung bis hin zur Selbststeuerung geführt wird. Gerade kleine und mittlere Unternehmen müssen innerhalb einer bestimmten Zeit in der Lage sein, Verbesserungsprozesse mit den eigenen Potentialen zu initiieren und auch umzusetzen. Dies ist z.B. durch effektives Coaching bei Einzelpersonen (Unternehmer), im Team (Abteilung u.a.) oder im Kundensektor gezielt und erfolgreich zu nutzen. Erfolgssteuerung beginnt beim Einzelnen und vernetzt sich synergetisch zum Unternehmens-Erfolg.

F = Führung

Das ist die beste Führungskraft, deren Mitarbeiter sagen, wenn sie sie ans Ziel geführt hat: „Wir selbst haben den Erfolg zustande gebracht" (Laotse).

Warum haben so viele Führungskräfte und Mitarbeiter das Gefühl, in ein Motivationsloch zu stürzen?

Weil das neue Denken von Menschlichkeit für mehr Qualität leider noch das neue Handeln vermissen lässt! Diesen angestrebten Menschlichkeits-Prozess ohne „in den Schlaf streicheln oder Hängematten-Kultur“erreichen wir nur durch Führung zur Selbst-Führung und Aktivierung zur Selbst-Aktivierung. Übersicht gewinnen und neu durchstarten – Coaching ist ein gemeinsamer Prozess, der Klarheit über Problemstellungen, Ziele, Wege, Schritte und Entwicklungen verschafft.

G = Gesprächspartner

Menschen in bestimmten Positionen fühlen sich mit ihren Gedanken, Ängsten, Entscheidungen und Erfolgen oft alleingelassen. Berufliche Schwierigkeiten lassen sich eben nicht so ohne weiteres bewältigen – zumindest nicht ohne einen Gesprächspartner, den man akzeptiert und dem man vertraut. Kollegen oder Vorgesetzte scheiden hier oft aus, weil Sie selbst meist in die Problemstellung eingebunden sind. Bei einer effektiven Hilfestellung sind andere Betrachtungsweisen und neue Lösungsansätze gefragt. Werden Sie für Ihre Mitmenschen ein wertvoller Gesprächspartner. Gehen Sie als Vorbild voran, und bauen Sie erfolgreiche persönliche Verbindungen auf.

H = Herausforderung

Nur der „ganze“Mensch kann Spitzenleistungen erreichen, mit der Freude an besonderen Herausforderungen und Umsetzungen mit Teamgeist. Die heutigen Chancen für Einzelpersonen und gut geführte Spitzen-Teams, die in irgendeiner Weise immer mit anderen Menschen vernetzt sind, gilt es zu fördern. Wer fordert, der fördert. Mit einem guten Gefühl für die Begeisterung von Kunden werden wir immer über die Energie verfügen, unsere Zukunft durch sämtliche Veränderungsprozesse hindurch sicher zu gestalten. So können Unternehmens-Erfolge leichter gelingen und unter Nutzen sämtlicher Herausforderungen mit Arbeitsfreude und Kontaktfreude zu permanenten Spitzenleistungen führen.

I = Intuition

Nutzen Sie Ihre Intuition. Zwei ganz besonders wertvolle Elemente im Umgang mit unserer Lebenszeit sind: Intuition sowie das Erkennen und Nutzen der Gunst des Augenblicks. Wofür ist HEUTE der richtige Zeitpunkt? Was ist Ihnen gestern noch bewusster geworden? Wie setzen Sie HEUTE Ihre Intuition ein, um die Gunst der Augenblicke noch besser zu nutzen?

J = JA statt Jammern

Sagen Sie JA zu sich selbst, zu Ihrem Leben und zu Ihren Mitmenschen. Jammern gilt nicht. Wer mit einer Situation oder einem Mitmenschen im Leben nicht klar kommt, kann Hilfe von einem Spezialisten in Anspruch nehmen. Es nützt nichts, darauf zu hoffen, dass ein Konflikt sich irgendwann von selbst löst. Nutzen Sie die Kompetenz eines Coaches, der Ihnen als neutraler und individueller Gesprächspartner zur Verfügung steht, Ihnen die richtigen Fragen stellt und Sie sich durch den wertvolle Antworten geben lassen. So führen Sie sich selbst mit einem konkreten JA auf Ihren erfolgreichen Weg. Und auch bei anderen sollten Sie Jammern nicht dulden, weil es nur Energie kostet und der Nutzung von Chancen wertvolle Zeit raubt.

K = Konfliktlösung

Ein guter Coach ist in der Lage, in Unternehmen im Bereich Konfliktlösung einen Bewältigungsprozess „anzustiften". Dazu braucht er selbst ein tiefes Interesse an Menschen und Ihren persönlichen Lebenssituationen. Beim Coaching gibt es keinen „Trick". Die Fähigkeit zum fairen und ehrlichen Dialog ohne „Zeigefinger" und Besserwisserei ist der beste Weg zum Ziel.

In jedem Menschen steckt das Potential zur Lösung. Wir können andere dazu anregen, sich über bestimmte Entwicklungen und deren Zusammenhänge bewusst zu werden, Ursachen zu erkennen und Wirkungen zu verstehen.

L = Lebens-Qualität

Zeit ist der Stoff, aus dem wir das Leben gewinnen. 24 Stunden jeden Tag fordern uns heraus, aus Quantität Lebens-Qualität zu gestalten. Aber die Dauer der Zeit stellt nur eine Seite der Medaille dar – viel wichtiger ist die Umsetzung für mehr Lebens-Qualität. Effektiv und effizient zu sein bedeutet, die richtigen Dinge zum richtigen Zeitpunkt und auf die richtige Weise zu tun und das tägliche Schaffen an konkreten Zielen und Handlungen auszurichten. Unter Nutzung des Mediums Zeit im Einklang mit Ihren Begabungen und Kräften können Sie mehr Zeit- und Lebens-Qualität erreichen.

M = Motivation

Motivation ist wichtig, damit sie zur Selbst-Motivation führt. Dann schafft Arbeit ein gutes Gefühl. Freude und Spitzenerfolge sind vorprogrammiert.

„Wir können nur das geben, was wir selbst zur Verfügung haben." Auch für Mitarbeiter und Führungskräfte gilt dieses Gesetz. Um Unternehmens-Erfolge weiter zu steigern und die Zukunft mit Sicherheit zu verknüpfen, brauchen wir den ganzen Menschen mit seinen Ideen und seiner Motivation.

Der einzelne scheint nur dann über die höchste Motivationskraft zu verfügen, wenn er im ganzheitlichen Sinn Anerkennung und Lebensqualität erreichen kann. Dazu benötigen wir das ehrliche Feedback unserer Mitmenschen, das zu Motivations-Impulsen werden kann.

N = Neues zum Nutzen

Oftmals führen erst neue Betrachtungsweisen zu neuem Nutzen und auch zu Lösungen. Nicht alles Neue muss unbedingt besser sein. Alles Neue sollte nutzen-orientiert integriert werden. Das einzige Neue wäre, wenn wir endlich einmal das Alte unter Nutzung aller Vorteile einsetzen würden.

So geht es uns auch mit dem *neuen* Konzept: „Die Führungskraft als Coach Ihrer Mitarbeiter". Ursprünglich war es als Kosten- Sparmodell gedacht und wurde mit offenen Ohren in den Unternehmen begrüßt.

Wie immer auch die Führungskraft als „Coach" unternehmens-intern eingesetzt wird: Oft kann nur ein Externer das Gespräch in völliger Offenheit und Transparenz mit dem Mitarbeiter führen. Es wird vermutlich immer bestimmte Zusammenhänge geben, die man dem direkten Vorgesetzten nicht darstellen möchte. Und in vielen Fällen auch mit einer berechtigten Vorsicht, weil die Angst vor möglichen Repressalien die Offenheit blockiert.

O = Organisation

Bündeln und organisieren Sie die Stärken Ihres Unternehmens. Positionieren Sie Ihr Unternehmen gemeinsam mit Ihren Mitarbeitern für Ihre Kunden. Kundenorientierung führt zwar zur Kundenzufriedenheit, ist aber nur die Zwischenstation zur Kundenbindung durch Kundenbegeisterung.

Gestalten Sie die Zukunft Ihrer Organisation selbst, „bevor der Markt“Ihnen Sachzwänge auferlegt, die zusätzliche Energie und Zeit rauben.

P = Prozess

Im KVP (= Kontinuierlicher Verbesserungs-Prozess) geht es darum, die in sämtlichen Unternehmensbereichen steckenden Erfolgs-Chancen, die von allen Führungskräften und Mitarbeitern umgesetzt werden können, zu entdecken sowie zu nutzen. Coaching ist ein gemeinsamer Prozess, der Klarheit über Problemstellungen, Ziele, Wege, Schritte und Entwicklungen verschafft. Coaching hilft auch bei Umstrukturierungen und Veränderungs-Prozessen im Unternehmen, die Hand an den Puls der Zeit zu legen und ein erfolgreiches Prozess-Management einzusetzen.

Wenn Führungskräfte mit einer bestimmten Situation Probleme haben, kann der Coach helfen, die Veränderungen mit Erfolg zu bewältigen und die Aufgaben wieder in die richtige Richtung zu „lenken“. Coaching kann helfen, neue Lösungsansätze durch andere Betrachtungsweisen zu erkennen. Trotzdem sollte Coaching kein langfristiger, sondern nur ein kurz- bis höchstens mittelfristiger Begleit-Prozess sein. Andernfalls besteht die Gefahr, dass der Coach genau das wird, was er nicht sein soll: Retter in der Not oder ewiger „Besserwisser“.

Q = Qualität

Qualität vor Quantität: „Qualität ist das, was wir täglich tun.“Eine gesunde, persönliche Weiterentwicklung lässt sich nicht nur über ein

„Mehr“, sondern über ein „Gezielter“und „Intensiver“erreichen. Z. B. in der Kommunikation, so dass wir genau verstehen, was jemand wirklich meint, und wir exakt unsere Sichtweise einem anderen verständlich machen können. Erkennen Sie Ihren richtigen Weg, um mit den richtigen Menschen auf richtige Weise das Richtige zum richtigen Zeitpunkt zu machen …

R = Ressourcen

Ressourcen-Management macht Sie zum Manager von Nutzen und Ertrag. Durch Coaching erkennen Sie Ihr menschliches Potential für Zusammenarbeit und Kooperation. Sie können endlich einmal „laut denken“und Ideen für Ihr neues Durchstarten strategisch aufbereiten. Sie gewinnen und nutzen ab sofort eine neue Konsequenz im Umgang mit sich und anderen und sind durch gesteigerte Kompetenz den „Konkurrenten“ immer einen Schritt voraus. Das Ergebnis: Sie erleben wieder neue Freude am Schaffensprozess.

S = Stress

Kein Stress am Morgen. Vermeiden Sie jede Form von negativem Stress den ganzen Tag lang. Beginnen Sie jeden Tag mit Ruhe und positiven Gedanken und halten Sie diese Zeit-Qualität. Es macht keinen Sinn, seine Energien in der Form zu vergeuden, dass Sie am Abend völlig geschafft sind, aber Ihre Aufgaben nicht bewältigt haben.

T = Telefon

Entdecken Sie das „Abenteuer Telefonieren“für Ihren Unternehmens-Erfolg. Telefonieren bedeutet, andere Menschen anhand des Telefons zu „besuchen“. Schaffen Sie für sich nach jedem Telefonat eine gute Gefühlsbasis für das nächste Telefongespräch. Und denken Sie immer an den Nutzen Ihres Gesprächspartners! Telefonieren Sie bitte mit Freude.

Was Sie mit Freude zum Nutzen anderer Menschen tun, kann nur gelingen und für beide Seiten ein Erfolg werden! Wer im Umgang mit dem Telefon seine Stärken entdeckt und trainiert, der sichert seinen persönlichen sowie den Unternehmenserfolg. *Die vier Erfolgsbausteine für jedes kundenorientierte Telefongespräch sind Freundlichkeit, Zuverlässigkeit, emotionale Kompetenz und professionelles Vorgehen.*

U = Unternehmens-Kultur

Eine gelebte Unternehmens-Kultur bedeutet, mehr Erfolg mit Mitarbeitern und Kunden zu haben. „Jeden Tag ein bisschen besser", so kann jeder seinen Zielen auf die Spur kommen und sie Schritt für Schritt erreichen. Auch kleine und mittlere Unternehmen mit dem Wunsch nach mehr Erfolg aber meist fehlender interner „Infrastruktur", haben die Chance, eine erfolgreiche Unternehmens-Kultur zusammen mit Mitarbeitern und Kunden zu realisieren.

V = Veränderungen

Unternehmens-Erfolge stehen heute im direkten Zusammenhang mit der Fähigkeit, Veränderungen innerhalb und außerhalb der Organisation zu meistern. Diese können von Menschen nur dann bewältigt werden, wenn sämtliche Mitarbeiter-Potentiale wie Kreativität, Kunden-Orientierung, Kosten-Bewusstsein, Einsatzbereitschaft und Zuverlässigkeit gefördert und eingesetzt werden. Die erarbeiteten Unternehmens-Ziele geben hierfür die Richtung vor.

Dem einen machen bevorstehende Veränderungen Angst, ein anderer nutzt sie für den Unternehmens-Erfolg und geht dadurch gestärkt in die Zukunft.

W = Weitblick

Coaching räumt im Geist auf, öffnet die Fenster ganz weit für den frischen Wind des Weitblicks in unserem Bewusstsein. So erkennen wir neue Perspektiven und praktische Schritte, um mit Freude in unserem Leben neu durchzustarten und mit Energie und Zuversicht größte Ziele zu erreichen.

Schauen Sie mit Weitblick voraus:
Was wollen Sie in 10 Jahren erreicht haben?
Wer soll Sie in die ferne Zukunft begleiten?

X = X-Faktor

Selbst wenn Sie sich noch so gut vorbereiten, es gibt diesen X-Faktor, den man eben nicht voraussagen kann. Bei allem strategischen und planerischen Vorgehen … machen Sie sich nicht zu viele Gedanken.

Manchmal muss man auch mit einer gewissen Leichtigkeit des Seins an Dinge heran gehen und „loslassen", Menschen sowie einer Sache Raum und Zeit zum „Durchatmen"geben. Und siehe, es geht einem gerade dadurch leichter von der Hand. Nutzen Sie Ihren persönlichen X-Faktor, verbunden mit Ihrer Intuition.

Y = Jeder Tag, every day

Jeder Tag ist wichtig, denn Sie können nur täglich besser werden, wenn Sie jeden, also auch den heutigen Tag zur Erfolgssteuerung nutzen.

„Die am häufigsten vergeudete Zeit ist oft die, die wir verschwenden, bevor wir mit einer Aufgabe beginnen." Jeder von uns hat das sicherlich schon selbst oder bei anderen beobachten können. Nutzen Sie deshalb den heutigen Tag, um an Ihren Zielen, Aufgaben und Terminen „dranzubleiben". Der Erfolg wird Ihnen Recht geben.

Beantworten Sie sich am besten gleich morgens folgende Fragen:

- Was ist HEUTE für mich besonders wichtig?

- Wofür ist HEUTE der beste Tag?

- Wie plane ich das HEUTE für optimale Ergebnisse?

Am Abend helfen Ihnen diese Fragen:

- Was ist mir HEUTE noch bewusster geworden?

- Was habe ich HEUTE für mich und andere gelernt?

- Welche Konsequenzen ergeben sich daraus für MORGEN?

Mit diesen konkreten Fragen und ehrlichen Antworten vernetzen wir in uns eine neue Art der „Achtsamkeit"für Aufgaben, Termine und emotionale Zusammenhänge. Die Konzentration auf Ihre Kernziele mit Qualitätssteigerung für Vorbereitung und Durchführung hilft Ihnen bei der täglichen Erfolgssteuerung.

Z = Zielklarheit

Coaching schafft Zielklarheit. Coaching ist ein gemeinsamer Prozess, der Klarheit über Problemstellungen, Ziele, Wege, Schritte und Entwicklungen verschafft.

Der Klient steht mit seinen Gedanken und Befindlichkeiten im Mittelpunkt – der Coach nimmt sich zurück und steht dem Klienten mit seiner Wahrnehmung, aktivem Zuhören, Intuition und Feedback helfend zur Seite.

Ein Schluss-Gedanke für Ihren Erfolg in jeder Beziehung:

Emil Coué, 1857 – 1926, französischer Apotheker und Psychotherapeut, stieß in seiner Arbeit auf das Phänomen der Autosuggestion und stellte fest, dass sie weit besser als seine Pillen geeignet war, Heilungsprozesse bei seinen Patienten zu fördern. Über Jahre zeichnete er jeden einzelnen Fall auf und verfeinerte seine Methode der Selbst-Beeinflussung. Heute bedienen sich Millionen von Menschen der Ideen Coués, um erfolgreich in jeder Beziehung zu werden und zu bleiben. Seine Ideen sind in zahllosen Büchern, Vorträgen und Kursen über die ganze Welt verbreitet.

Hier für Sie seine Autosuggestion für Erfolg in jeder Beziehung:

Es geht mir
von Tag zu Tag
und in jeder Beziehung
immer besser und besser …

Kontakt-Register

Roland Arndt	ARNDT Unternehmens-Kultur	www.roland-arndt.de
Horst-Sven Berger	Promoter Verlagsgesellschaft	www.promoter.de
Hans-Jürgen Breß	Unternehmensberatung	bresshj@bids.de
Gabriele und Hans-Günter Berner	H.-G. Berner GmbH	www.h-g-berner.de
Günter Butter	Direktion für DVAG	www.dvag.de
Nikolaus B. Enkelmann	Enkelmann-Institut-Königstein	www.enkelmann.de
Monika Jettkowski	Kosmetik International	www.ki-online.de
Rainer Kreuzmann	Schönherr Bindesysteme	www.schoenherr.de
Erich J. Lejeune	ce CONSUMER ELECTRONIC AG	www.consumer.de
Ulrike Lindner	Homeoffice Telemarketing	lindner.wenden @t-online.de
Cornelia Maak	Naturheilpraxis	0 40-27 87 87 83
Dr. Michael Pietsch	:pietsch Haustechnik GmbH	www.pietsch.de
Carina Quast	MM-PR (PR-Agentur)	0 92 31-9 63 70
Michael Rossmann	Direktion für DVAG	www.dvag.de
Alex Rusch	RUSCH VERLAG	www.rusch.ch
Anita Schwarzenberg	SYMPATHICA	www.sympathica.com
Lothar J. Seiwert	Seiwert-Institut für Time-Management und Life-Leadership	www.seiwert.de
Roland Spinola	Herrmann Institut Deutschland	www.hid.de
Werner Tiki Küstenmacher	Simplify your life	www.simplify.de
Mathias Ulrich	Direktion für DVAG	www.dvag.de
Martina van Teeffelen und Tatjana Magda	Vis a Vis Die MotiEventer GmbH	www.vis-a-vis-events.de

Literaturverzeichnis

Arndt, Roland — „Geschäftsfreundschaften“ (ISBN 3-478-81137-6) MVG-Verlag – München – 1992

„Das neue Zeitbewusstsein” (ISBN 3-8125-0151-1) Rentrop-Verlag – Bonn –1991

Berner, Hans-Günter — „An vollen Töpfen verhungern” (ISBN 3-932516-05-2) Promedico-Verlag – Hamburg – 1999

„Blackout passè” (ISBN 3-932516-04-4) Promedico-Verlag – Hamburg – 1998

Buchheister, Marion — „Ich mag dich! Ich mag dich nicht ...” (ISBN 3-501-07111-6) St. Johannes Verlag Lahr – 1998

„Mein Mann kann tun und lassen was ich will” (ISBN 3-417-11177-3) R.-Brockhaus-Verlag – Haan 2000

Enkelmann, Claudia E. — „ Mit Liebe, Lust und Leidenschaft zum Erfolg” (ISBN 3-89623-187-1) Metropolitan Verlag – Regensburg – 1999

„Venus macht Karriere” erscheint im Januar 2001

Enkelmann, Nikolaus B. — „Charisma” (ISBN 3-478-72520-8) MVG – Landsberg – 1999

„Die Macht der Motivation” (ISBN 3-478-71450-8) MGV – Landsberg 1999

„Rhetorik Klassik” (ISBN 3-89749-021-8) Gabal-Verlag – Offenbach – 1999

„Erfolgsprinzipien der Optimisten” (ISBN 3-930799-51-0) Gabal-Verlag – Offenbach – 1999

„Das Enkelmann-Seminar: Power-Training” (Media-Paket) (Co-Autor Roland Arndt) (ISBN 3-89623-173-1) Metropolitan Verlag – Regensburg – 1999

„Das Enkelmann-Seminar: Der Weg zum Erfolg” (Media-Paket) (Co-Autor Roland Arndt) (ISBN 3-89623-228-2) Metropolitan Verlag – Regensburg – 2000

Geffroy, Edgar K.	„Ich will nach oben" (ISBN 3-478-38420-6) MI-Verlag- – Landsberg – 2000
	„Das einzige, was immer noch stört, ist der Kunde" (ISBN 3-47824380-7) MI-Verlag – Landsberg – 1999
Herrmann, Ned	„Das Ganzhirn-Konzept für Führungskräfte" (ISBN 3-7064-0282-3) Ueberreuther Verlag – Wien /Frankfurt – 1997
Küstenmacher, Werner Tiki	„SIMPLIFY YOUR LIFE" Einfacher und glücklicher leben (ISSN 1436-848X) VNR-Verlag – Bonn – 2000
Lejeune, Erich J.	„Lebe ehrlich werde reich" (ISBN 3-478-71790-6) MVG – Landsberg – 1997
	„Du schaffst, was du willst" (ISBN 3-478-72290-X) MVG – Landsberg – 1999
	„So verkaufen Sie sich reich" (ISBN 3-478-24390-4) MI – Landsberg – 2000
	„Einigkeit und Recht und Feigheit" (ISBN 3-478-38430-3) MI – Landsberg – 2000
Mewes, Wolfgang	„EKS Die Strategie" Infos über den Lehrgang von www.eks.de
Peseschkian, Nossrat	„Auf der Sucher nach Sinn" (ISBN 3-596-26770-6) S. Fischer Verlag – 1997
Rusch, Alex S.	„Noch Erfolgreicher" Kassetten-Programm www.rusch.ch
Friedrich, Kerstin / Seiwert, Lothar J.	„Das 1x1 der Erfolgsstrategie" (ISBN 3-89467-214-5) MVG-Verlag – 1998
Seiwert, Lothar J./ Gay, Friedbert	„Das 1x1 der Persönlichkeit" (ISBN 3-930799-32-4) Gabal-Verlag – Offenbach 1999
Seiwert, Lothar J.	„Das neue 1x1 des Zeitmanagement" (ISBN 3-923984-89-8) Gabal-Verlag – Offenbach – 1999
	„Wenn Du es eilig hast, gehe langsam" (ISBN 3-593-35911-1) Campus-Verlag – Frankfurt 1999